本书的研究成果受 2020 年湖南省社会科学成果~~~~~~~项目："一带一部"定位下文旅融合中的湖南旅游演艺产业化研究（编号：XSP20ZDI016）的资助

文旅融合中的旅游演艺产业化研究

张瑞智 著

北京工业大学出版社

图书在版编目（CIP）数据

文旅融合中的旅游演艺产业化研究 / 张瑞智著．——
北京：北京工业大学出版社，2021.7（2022.10 重印）
ISBN 978-7-5639-8038-3

Ⅰ．①文… Ⅱ．①张… Ⅲ．①旅游资源开发－表演艺
术－研究－中国 Ⅳ．① F592.3

中国版本图书馆 CIP 数据核字（2021）第 134858 号

文旅融合中的旅游演艺产业化研究

WENLÜ RONGHE ZHONG DE LÜYOU YANYI CHANYEHUA YANJIU

著　　者：	张瑞智
责任编辑：	邓梅菡
封面设计：	知更壹点
出版发行：	北京工业大学出版社
	（北京市朝阳区平乐园 100 号　邮编：100124）
	010-67391722（传真）　bgdcbs@sina.com
经销单位：	全国各地新华书店
承印单位：	三河市元兴印务有限公司
开　　本：	710 毫米 ×1000 毫米　1/16
印　　张：	10.5
字　　数：	210 千字
版　　次：	2021 年 7 月第 1 版
印　　次：	2022 年 10 月第 2 次印刷
标准书号：	ISBN 978-7-5639-8038-3
定　　价：	68.00 元

作 者 简 介

　　张瑞智，女，音乐与舞蹈学专业博士，副教授，硕士生导师，国家二级职业指导师。"湖湘青年英才"（人文社科类）支持计划获得者，湖南省教育厅青年骨干教师培养对象，益阳市高层次人才人选。已公开出版学术专著2部，发表相关学术论文和作品20余篇，其中，在SSCI和CSSCI等核心期刊发表论文6篇。撰写的科研论文曾获教育部全国论文评比三等奖1项、湖南省教育厅论文评比一等奖4项，湖南省教育科学研究论文一等奖1项。主持省部级重点、青年等科研项目10项，参与国家级及其他科研项目20余项。

前　言

　　旅游演艺是基于旅游产业与演艺产业的融合这一大背景，以旅游者为主要观众，以地域文化为主要表现内容，在旅游城市、旅游景区内或其附近选址推出的，能为当地旅游业发展带来积极影响的大型表演活动。旅游演艺在我国发展历史悠久，伴随着人类旅游行业的发展而不断创新，已经从早期的外事活动中的接待性表演、主题公园的点缀性表演发展成为能独当一面的旅游演艺产业，从新业态发展成为新常态。旅游演艺主要包含歌舞类、实景演出类、戏曲＋曲艺类、杂技＋魔术类、功夫表演类、灯光秀类六个大类，不同类别旅游演艺在时间上、空间上的集中度呈现出明显差异。当前，与旅游演艺产业的发展相比，我国的学术界对旅游演艺产业的研究还很不够。相关文章的篇幅较短、刊物层次偏低、学术深度不够，特别是对旅游演艺产业的理论性研究还不够，系统的专著较鲜见。

　　本书第一章为文化与旅游的融合发展，分别介绍文化与旅游融合发展的现状、文化与旅游融合发展的主要类型以及文化与旅游融合发展的实现方式三个方面的内容；第二章为旅游演艺概述，主要介绍旅游演艺的概念、旅游演艺的发展进程、基于文化元素运用的旅游演艺分类三个方面；第三章是中国旅游演艺的空间分布，依次介绍了中国旅游演艺空间结构类型、中国旅游演艺空间分布特征、中国旅游演艺空间分布存在的不足以及中国旅游演艺的空间扩散模式四个方面的内容；第四章为文旅融合下舞台艺术繁荣的现实路径，依次介绍旅游实景路径、场馆演出路径、演艺节庆路径以及名剧名家路径四个方面的内容；第五章为旅游演艺产业化探究，主要介绍四个方面的内容，分别是湖南省旅游演艺产业发展现状、湖南省旅游演艺产业发展存在的问题、文旅融合中的湖南省旅游演艺繁荣现实路径以及湖南省旅游演艺产业化的创新实践。

　　在撰写本书的过程中，笔者得到了许多专家学者的帮助指导，参考了大量的学术文献，在此表示真诚的感谢！本书内容力求系统全面，论述条理清晰、深入浅出，但由于笔者水平有限，书中难免会有疏漏之处，希望广大同行和各位读者及时指正。

目　录

第一章　文化与旅游的融合发展

本章的主要内容是文化与旅游的融合发展，主要从文化与旅游融合发展的现状、文化与旅游融合发展的主要类型和文化与旅游融合发展的实现方式这三个大方面进行探究，期待能加深读者对旅游与文化融合的理解。

第一节　文化与旅游融合发展的现状

随着大众旅游次数的增加、生活水平的提高、消费能力的增强与受教育程度的提高，大众旅游的需求日趋多元化。休闲度假、探险、会展、温泉、乡村田园体验等旅游需求不断涌现，带动了新型旅游产业的崛起。新型的旅游服务企业纷纷出现，在旅游市场，智慧旅游、虚拟旅游、高端定制旅游、深度旅游等旅游创新模式快速发展。这些飞速发展的产业业态也带动了相关产业供给的多元化发展，如宾馆饭店专用品，登山探险、漂流、滑雪等户外运动装备产业，农业的土地利用转型等。旅游需求的多元发展与现代科学技术力量的有效支持，加强了旅游业与工业、农业、交通、文化体育艺术、金融、房地产等多产业的融合。乡村旅游的发展推动了旅游与农业的融合；户外体育（徒步、攀岩、滑雪）等运动旅游的兴盛推动了旅游与制造业的融合以及旅游装备制造业的繁荣；休闲度假旅游的发展推动了旅游业与文化、金融、商务、房地产等第三产业的融合；养老养生旅游的发展推动了旅游业与医疗、保健、房地产等产业的融合。

旅游业是"牵一发而动全身"的产业。旅游业的发展带来了区域工业、农业、金融业、服务业、建筑业等多种产业的共同发展与繁荣，旅游业特有的产业优势及其巨大的关联带动作用使旅游业成为我国第三产业中的重点发展产业。由于旅游业已成为我国的战略性支柱产业和国民经济新的增长极，全国多数地区都在积极发展旅游业，旅游业的地位不断提高，旅游开发工作也迎来了新的浪潮。"旅游开发""旅游的开发规划"也成为旅游业理论研究中的热门话题。

一、旅游开发及其前景

（一）旅游开发与旅游规划

旅游开发与旅游规划似双生儿一样密不可分。旅游开发工作的进行一定伴随着旅游规划，旅游规划是为了更好地指导旅游开发。

目前，学术界对旅游开发与旅游规划的关系在认识上存在着较大的分歧。旅游开发与旅游规划是否存在先后的关系？规划是否能够为开发提供有效指导？为了更好地认识旅游开发与旅游规划，有必要对旅游开发与旅游规划进行辨析。学术界对旅游开发与规划的认识主要有三种观点。

（1）将旅游开发单纯地看作建设，认为旅游开发就是旅游开发建设。旅游开发和旅游规划之间存在着被指导与指导的关系，先有规划，后进行开发。旅游规划与旅游开发是理论与实践、战略与实施的关系；旅游规划是旅游开发的基础与指导，旅游开发必须在旅游规划的指导下进行。

（2）旅游规划与旅游开发是有机的统一体。旅游开发是针对旅游发展的战略构思与政策制定的；旅游规划是对特定旅游的发展进行的综合安排，是针对旅游开发战略目标的具体安排。开发战略指导具体规划、规划设计体现战略目标，二者相辅相成、相互影响、相互联系。

（3）旅游开发与旅游规划是包含与被包含的关系。旅游开发包括旅游规划，旅游规划是旅游开发的重要组成部分。

究其开发与规划的关系，可从其本意进行理解，"开发"本是经济学概念，最早出现于《汉书·孙宝传》。开发的本意指开垦、垦殖土地，后逐渐引申为将资源转变为产业的社会劳动过程。开发是复杂的系统工程，不仅需要大规模的建设，也需要系统的战略指导。因此，开发需要在系统研究与整体实践之后将资源转变成为具有参与性、规模化的产业体系。结合区位论、系统论理论可以从横向、纵向对旅游开发形成认知。从横向来看，旅游开发是对某个区域进行的综合开发。旅游开发涉及旅游供给和需求的各个方面。其中，旅游供给涉及旅游资源、产品业态、文态、综合服务、运营管理、营销策略等多个方面，需要解决开发所依赖的环境、土地、投资、持续发展等问题；在需求方面，要了解资源市场的特点、规模、需求和趋势，才可能进行有效的开发工作。这就要求开发者了解资源的特点、价值、功能、限制条件等，并在对旅游市场进行科学预测及定位的基础上，进行产业、产品业态的构建。从纵向来看，旅游开发工作是由一系列的环节及工作阶段构成的，是一个具有内在逻辑结构的系统工程，需要将理论与实践相结合，才可能将旅游资源转化为旅游产品。在旅游开发将旅游资源和环境转化为旅游产品的过程中，开发者需要对被开发地的资源、环境、文化、民族、土地等资源情况进行有效把握，通过调研、评价等方式明确可利用的资源、开发限度等问题。同时，通过规划、建设、经营等方式，实现被开发地的综合开发与发展。因此，旅游规划是旅游开发的前期工作，是旅游开发体系中的重要组成部分。旅游规划为旅游开发工作的推进提供了宏观指导与发展思路，也为具体的开发工作提供了方向、方式与方法。

（二）旅游市场发展的前景

世界旅游市场的发展重心不断地向以中国为代表的亚太地区转移。欧洲和北美是传统的国际旅游目的地，而近年来，欧洲和北美在国际旅游市场的份额不断缩小，世界旅游重心不断向新兴市场转移。20世纪70年代及之前的时期，欧美是世界旅游最主要的旅游目的地，吸引了全球超过85%的入境过夜客源。从80年代开始，亚太地区的旅游业异军突起，世界旅游格局发生了重大变化，欧美的旅游市场份额不断下降。至21世纪初，亚太地区已经取代美洲成为第二大国际旅游目的地。预计到2030年，亚太地区过境过夜游客接待量将会增长到5.35亿人次，在全球旅游市场中的市场份额也将上升至30%。随着亚太地区经济的发展，亚洲国家将不断超越欧美国家，成为出境旅游大国。

在亚洲旅游市场持续升温、发展逐渐加速的过程中，亚洲的旅游景点吸引了越来越多来自当地及世界各地的游客。中国在亚太地区的旅游形象与旅游地位异常突出。中国飞速增长的经济、丰富的人流资源、悠久的人文历史使中国早在2006年就已经成为世界第四大旅游目的地。

在亚太地区日渐成为热门的旅游目的地及客源地的过程中，旅游者的旅游偏好、需求也随着收入水平、需求层次的提高及旅游者出国旅游次数的增加而不断变化。旅游者已经越来越不满足于传统的观光游览方式，个性化、刺激性、互动性的旅游方式成为人们追求的热点。现代旅游市场不断细分，每一类细分市场都有其独特之处，以满足特定旅游者的需求；旅游活动、旅游产品项目越来越需要根据旅游者的年龄、职业、兴趣爱好等特征，从深层次进行开发以满足不同细分市场的需求。同时，世界旅游市场表现出区域市场一体化的特征。在世界范围内，具有良好的资源条件、经济条件的国家和地区成为旅游业的增长极，旅游空间布局也呈现出多极化的趋势。随着互联网、航空、海运的发展，区域内的合作、资源整合与客源共享都将为区域旅游发展带来巨大的收益，同时能够促进产业一体化、交通一体化、市场一体化的快速发展。互惠互利的无障碍区域旅游协作体将成为未来世界旅游开发与发展的必然趋势。

旅游市场的持续发展与繁荣，为旅游业的发展带来了美好的前景。亚太地区旅游市场的持续升温为中国旅游的发展创造了机遇。同时，旅游需求的多元化、多样性、个性化与特色化的发展趋势，对具有刺激性、互动性旅游项目与旅游产品的需要，就要求旅游目的地的关注点不能再停留在"吃老本"的自然观光、文化感悟的旅游产品、项目上，而是要不断探索与开发新的旅游产品和旅游项目，开发出既具有优质自然风光、深厚文化感悟，又具有互动参与性的旅游目的地。

现在及未来的旅游景区、旅游度假区、旅游目的地的产生需要旅游开发，旅游开发是促成旅游目的地繁荣的重要过程及必要手段。旅游开发的发达程度受到旅游市场环境、国家宏观政策、国家经济水平及人均收入水平等多种因素的影响。其中，国家宏观政策及旅游市场环境成为左右旅游开发和未来前景的关键。近年来，我国国家政策积极引导与鼓励旅游业的发展，为旅游开发创造了良好的宏观环境。与此同时，人均收入水平的提高、全民旅游时代的到来激发了旅游开发工作的繁荣发展。

改革开放以来，我国人民的受教育程度、生活水平不断提高，旅游业的发展也随之出现了空前的繁荣。旅游已经成为大众生活的重要组成部分。同时，旅游业已成为我国经济发展的战略性支柱产业，其发展与繁荣促进了国家经济的发展。因此，国家不断地出台各种有利政策，以促进旅游业的发展。

21世纪以来，国家鼓励旅游发展的政策不断完善，《旅游法》的出台为旅游业的良性发展保驾护航；《国民旅游休闲纲要》鼓励全民出游，并指出在提高全民生活质量的同时也要为旅游开发创造市场基础；《关于促进旅游业改革发展的若干意见》中提到，为促进旅游发展，不断拓展旅游发展空间……旅游发展规划等一系列的政策都为旅游发展创造了利好的宏观政策环境，并且拓宽了旅游发展类型，老年旅游、研学旅游、体育旅游、文化旅游、乡村旅游、生态旅游等多种专项旅游蓬勃发展，这就要求未来的旅游开发与旅游产品体系的构建要精致化、多元化、体验化、内涵深度化。在这些旅游发展的利好政策中，传统文化复兴、文化旅游、创新文化旅游产品等多项政策强调以文化提升旅游的内涵，注重文化内涵的广度与深度，强调文化的重要性。可见，文化在未来旅游开发及旅游发展的整体局势中具有重要作用及地位。

（三）中国旅游市场的发展

随着我国经济的快速发展、国民收入水平以及受教育程度的不断提高、闲暇时间的增多，我国国内旅游市场增势强劲。2007年，我国旅游业发展势头良好，三大市场保持稳定增长。2008 年，我国旅游业连续遭受金融危机和各种突发事件、不利因素的冲击，经受了前所未有的考验。面对严峻的旅游市场形势，全国旅游行业克服困难，总体上保持了平稳发展。2009 年是我国旅游业，特别是入境旅游经受严峻考验和挑战的一年，全国旅游行业化挑战为机遇，保持了旅游业总体平稳较快发展。2010 年，我国旅游业明显复苏，全年交易额保持较快增长。国内旅游市场平稳较快发展，入境旅游市场复苏，出境旅游市场继续加速发展。2011 年，我国旅游业保持平稳较快发展。国内旅游市场交易额保持较快增长，入境旅游市场实现平稳发展，国内旅游市场交易额继续快速增长。2012 年，我国旅游业总体保持平稳较快发展。国内旅游市场继续保持较快发展，入境旅游市场基本持平，出境旅游市场交易额继续快速增长。2013 年，我国旅游业总体保持平稳较快发展。据统计，2013 年全年共接待国内游客 32.6 亿人次，2014—2019 年分别接待国内游客 36.1、39.9、44.3、50.01、55.39、60.06 亿人次，我国旅游业总规模实现稳步增长。2019 年，我国旅游业对 GDP 的综合贡献率为 10.94 万亿元，占 GDP 总量的 11.05%。2020 年虽然受新冠疫情影响，旅游行业受到严重打击，国内旅游人次降到 28.8 亿，较 2019 年减少了 31.26 亿人次，同比下降 52.1%，但随着我国疫情得到有效控制，旅游的需求将会不断增加，旅游业的发展前景十分广阔。

（四）专项市场的蓬勃发展

随着中国经济的不断发展，旅游需求的多元化发展催生了新型的旅游产业。20 世纪 70 年代，城市旅游、观光旅游是旅游的核心；而当今随着城市化建设的程度越来越高、现代化的步伐越来越快，自然生态、乡村田园、历史遗存越来越稀缺，随之而来的乡村旅游、户外探险、文化体验等旅游产业异军突起，蓬勃发展。国民经济收入水平的提高与生活节奏过快等因素使大众更加崇尚高品质、慢生活的生活状态，因此，休闲度假、户外体育旅游、亲子旅游等旅游类型蓬勃发展。多元的旅游需求催生了多样复杂的旅游类型及产业。这给传统旅游产业的发展带来了巨大的挑战，传统旅游方式与内容已经远远不能够满足当今大众的旅游需要，只有不断地开发、规划新的旅游景区、旅游目的地，才能满足旅游者的出游需要，旅游产业才能更好地满足人们生活的需要，促进社会经济的发展。

1. 学生市场

目前我国出国"修学游"处于初级阶段，旅行社提供的产品还比较单一，一般以英语学习和对国外大学进行考察为主要内容。从国内修学旅游的发展来看，修学旅游一直发展缓慢，尽管近年来全国各地成立了面向教育系统的旅行社，但仍因产品单一、组织落后、管理混乱等问题而难以打开局面。从入境修学旅游市场来看，来我国旅游的团体中，"修学团"所占的比重逐渐上升。由此可见，我国出入境学生修学旅游市场仍处于起步阶段，学生修学旅游产品亟须提升与进一步开发。

学生旅游市场庞大的基数以及国家宏观政策的支持为研学旅游市场的大力发展创造了条件。在研学旅游发展的过程中，中国传统文化、传统美德、遗产、历史遗迹、科学机构等以文化为核心的要素成为研学旅游产品开发的重点。如何将传统文化、现代科技、历史教育等智慧结晶通过旅行的方式传递给广大的青少年，成为研学旅游产品开发的难点。文化智慧、现代趣味、互动参与、深入浅出的旅游产品是研学旅游成功的所在，因此，文化元素的嵌入、文化线索的贯穿在研学旅游产品开发中就显得尤为重要。

2. 老年市场

截至 2009 年底，中国 60 岁及以上的老年人口达到 1.67 亿人，占总人口的 12.5%，老年人口总数居世界第一位。按照联合国的标准，60 岁及以上的人口比率超过总人口的 10% 即为进入老龄化社会，我国已于 1999 年进入老龄化社会。2011 年底，中国 60 岁及以上的老年人口达 1.85 亿人，占总人口的 13.7%。2020 年底，中国 60 岁及以上的老年人口已达 2.46 亿人，占总人口的 18.7%。预计到 2025 年，老年人口总数将超过 3 亿。随着中国人口老龄化程度不断加深，养老问题将成为中国面临的重大社会问题，同时也带来了巨大的商机，医疗保健用品、养老福利院、养老物业等发展迅速。此外，相当多的老年人身体好、收入稳定、闲暇时间充足，大多数具有出国旅游、外出度假和参加各种专题旅游活动的愿望，老年旅游市场需求广泛，因此，养生养老旅游类型应运而生。立足将近 3 亿的中国老年人的养老服务，是一个非常大的市场。

近年来，我国老年旅游市场交易额呈现出不断上升的趋势。调查显示，2009 年至 2013 年，我国老年人口每年以接近 1 000 万的人数在增长，成为我国人口增长最快的人群，对我国的人口结构产生了巨大的影响，同时，也对我国的旅游业发展产生了重大的影响。自 2011 年起，每年出游人数总量已突破 1 亿人次，并持续不断增长。我国目前的老年旅游市场占整个市场的 20%，是仅次于中年旅游市场的第二大旅游市场，旅游收入达上百亿元。

3. 自驾游市场

近年来，随着人们生活水平的提高以及观念的转变，游客不再满足于普通的随团观光旅游，而更多地注重与众不同的独特旅游体验经历。国民经济的迅速发展使得汽车进入家庭，以个性、便捷、省时、来去自由著称的"自驾游"迅速升温，成为节假日旅游的一道亮丽的风景。来自汽车工业协会的数据显示：近年来，我国汽车保有量飞速增长，每年的平均增长量接近 2 000 万辆，2011 年，我国的汽车保有量突破 1 亿辆，发展至 2020 年，我国汽车保有量达到 2.81 亿辆，汽车保有量已经成为全球第一。

二、文化与旅游融合发展

旅游产业和文化产业都是通过不断优化产业结构，逐渐走向合理化、高度化的。随着社会分工的专业化，产业形式越来越多，产业结构越来越复杂，产业的分界不断模糊化，产业与产业之间的相互融合逐渐成为产业结构优化的重要途径。在旅游产业与文化产业的融合中，文化产业为旅游产业提供了各种文化资源、知识信息、创意技术，而旅游产业向文化产业提供了各种开发载体，两个产业在多种因素的影响下，融合发展的迹象越来越明显。那些为旅游产业与文化产业融合发展提供强大动力的要素，构成了旅游产业与文化产业融合的动力系统，主要包括消费需求、旅游产业转型升级、技术创新、文化体制改革等。

（一）消费需求

改革开放以来，我国经济社会迅速发展，人们的物质生活水平得到了大幅度的提高，闲暇时间不断增多，社会消费需求也随之发生了巨大的变化。随着人们消费观念的改变，享受和发展资料的消费比重不断上升，居民消费从追求数量转向了追求质量，从追求物质转向了追求精神，对文化教育、休闲娱乐等高层次消费品的需求逐渐增多。

人们的基本生存需求可以通过物质消费进行满足，而高级需求则主要通过文化消费满足。在经济高度发达的今天，居民的消费已不仅仅是满足基本生存需要的物质消费，而是有了更高层次的精神文化消费。我国首次明确提出"文化消费"概念是在 1985 年的全国消费经济研讨会上。文化消费是指人们为了满足自己的精神文化生活而采取不同的方式来消费精神文化产品和精神文化服务的行为。它主要通过精神文化产品或精神文化活动满足消费主体的精神需要。

旅游活动是人们满足了基本的物质生活之后，在有足够可支配的收入和闲暇时间的基础上，产生的消费行为。旅游消费作为一种追求享受、体验的消费活动，从本质上讲，属于文化消费。近年来，旅游消费逐渐凸显出旅游者对文化体验的需求和对参与性活动的渴望。旅游产品的生产、交换、消费等环节虽然在时间和空间上具有同一性的特点，但是旅游产品的生产、交换主要取决于旅游消费。现代市场经济规律决定了旅游生产是需求导向型生产，生产的产品、时间、数量等主要取决于旅游者的需求。

随着现代文明的不断进步，人们在享用其带来的丰富成果的同时，希望摆脱快节奏、程式化、物质化的生活带来的压力，以获得更多精神方面的满足。因此，旅游者的消费需求也相应地发生了变化，主要体现在"旅游需求观念由被动型向主动选择型转变、旅游需求的内容由过去单一需求向多样化需求转变、旅游需求方式由静态观光向动态参与转变、旅游需求热点由过去比较稳定发展向时常变化转变"。从这些转变中可以看出，旅游产品的内容、形式随着旅游者的需求不断发生着变化。

当消费者产生了新的旅游需求之后，就需要生产出新的旅游产品以满足消费者的需求，而新需求满足之后又会产生其他新的旅游需求，整个旅游经济活动始终处于这种循环往复的模式之中。消费者的消费需求和消费水平决定了旅游产业的发展方向和速度。因此，在文化消费需求量不断增多、消费层次越来越高的背景下，旅游产业应向多元化、个性化方向发展，重视产品和服务中的文化因素，以更好地满足旅游者的需求。消费需求是旅游产业与文化产业融合发展的原动力，它能够为旅游产业的发展提供广阔的市场空间。

（二）旅游产业转型升级

长期以来，我国旅游业的发展速度适度超前于国民经济的发展速度，经过几十年的时间，我国已经成为世界旅游大国。但与此同时，也显现出了一些问题。受过去计划经济体制的影响，我国很多旅游企业呈现出"小""散""乱"的特点，在发展过程中主要依靠增加要素来实现产业的增长，以致旅游产业的发展质量不高、竞争力不强。

我国旅行社的内部一直处于低水平的竞争状态，"价格战"使得全行业利润率不断下降。我国旅游企业发展尚不成熟，一方面企业规模较小，另一方面在经营管理、技术手段、营销策略等方面也比较落后。此外，我国旅游产品的类型和数量非常有限，主要以观光型为主，具有体验性、参与性的旅游产品不多，旅游产品的结构并不合理。在我国的旅游开发中，许多旅游目的地仍处于重复开发的低水平阶段。长期以来，对旅游资源过度的开发，使旅游目的地的环境质量不断下降，旅游产业发展与自然环境保护之间的矛盾不断加剧。

同时，随着信息技术的快速发展，传统旅游产业发生了重大的变革。目前，电子商务在旅游产业领域得到了广泛的应用，在线旅游消费额占旅游总销售额的比重不断上升，在未来的发展中，世界主要客源地约三分之一的旅游产品将通过互联网进行销售。信息技术的发展与运用，将加速旅游产品的更新和旅游新业态的出现、加快旅游产业的转型升级，这也使得我国的旅游产业发展面临着严峻的挑战。

我国旅游产业要解决发展中存在的问题，就需要通过转变发展方式不断提升旅游产业的素质，通过转型升级实现旅游产业结构优化，通过协调各生产要素之间的关系来实现产业的持续发展。为了更好地适应激烈的市场竞争，旅游产业应实现由观光型向参与型、体验型转变，产业结构由单一化向多样化、特色化转变，开发模式由粗放型向精细型转变，产业功能由经济功能向文化功能、生态功能等综合功能转变。为加快转型升级的步伐，旅游产业可以通过与文化产业的融合来实现产业发展模式的创新，丰富产业的文化内涵，进而增强产业的竞争力。

（三）技术创新

自 20 世纪 90 年代以来，随着信息技术的快速发展，全球出现了产业融合的发展热潮，而技术创新和技术扩散的溢出效应是这种现象出现的最重要的原因。技术创新按照它所产生的效应与其他技术的关系，可以分为革命性的技术创新和扩散性的技术创新。

技术创新是产业之间相融合的源泉，它在推动旅游产业与文化产业融合过程中发挥着重要作用。主要表现在以下几点。

第一，技术创新有利于开发出关联性或替代性技术，并在旅游产业与文化产业之间进行扩散，通过技术融合形成两个产业共同的技术基础，使产业之间的边界不断模糊，从而促进产业的融合发展。

第二，技术创新有利于降低旅游产业与文化产业的生产成本，使旅游产品与文化产品的内容和形式不断丰富，提高产品和服务质量，从而为产业融合提供动力。

第三，技术创新可以改变旅游市场与文化市场的需求特征，创造出更多更新的市场需求，进而为产业融合提供更加广阔的发展空间。

由此可见，技术创新是旅游产业与文化产业融合发展的催化剂，能够有效推动旅游产业与文化产业的发展，实现产业的转型。需要注意的是，技术创新只有得到了广泛使用和推广，才能真正体现出它的经济价值和社会价值，才能促进一个国家产业结构的优化和经济的增长。

（四）文化体制改革

文化体制是"对从事文化创作、生产、流通、消费等具体活动和运行过程管辖、调控和处理的制度和方式方法的总称，它是一个国家关于文化与政治、经济关系的反映，是政府关于文化管理意志的制度性体现"。我国传统文化体制受到计划经济体制的影响，体现出国有资本单一投资、政企不分、城乡二元结构等显著特征。改革开放以来，我国社会生产力不断发展，人民生活水平得到显著提高，人们的物质需求得到满足之后，其对精神文化的需求日趋旺盛，文化成为人们生活中的普遍需求和主要消费方向，并逐步形成了商品化、市场化和产业化的发展模式。在这样的发展形势下，传统的文化体制显然已经不能满足经济社会发展的要求，这就迫切需要对文化体制进行相应的改革。

我国文化体制改革大致经历了三个发展阶段。

第一阶段（1978—1991年）是我国文化体制改革的探索阶段，文化市场化建设与文化体制的所有制变革是这一阶段的核心内容。

第二阶段（1992—2001年），我国文化经济政策逐步完善，建立了文化产业发展的保障机制，加大了文化管理部门自身的改革力度，出台了多部促进文化市场发展的法律法规。

第三阶段（2002年至今），我国积极开展文化体制改革试点工作，加快文化基础设施建设，鼓励民营企业向文化领域投资，逐步形成了依法行政、依法管理的文化行政管理体系。

当今社会，文化在经济发展中起着越来越重要的作用，"经济—文化"一体化已经成为发展的必然趋势，全球逐渐步入知识经济时代。20世纪80年代以来，以英美为首的西方发达国家逐步放松了政府对文化产业的控制，引入了大量的私有资本，本国的文化产业实力不断增强，以保证在全球化进程中的主导地位。我国政府也正通过采取一系列的体制改革减少政府对文化的强制性干预，逐步建立文化产业的市场体系，大力培育文化生产力。

作为一种"软实力"，文化已经成为综合国力的重要组成部分，文化产业在我国国民经济中的地位也越来越重要。新型的大众娱乐业、会展业等文化产业形式层出不穷，影视业、新媒体等文化产业在国民经济中所占比重越来越大，报刊业、出版业、艺术演出业等文化产业的子系统发展迅速。随着人们精神文化需求的不断增长，文化与经济相互交融，文化产业逐渐成为经济领域中最有活力、最具创新意义且最能获得丰厚收益的产业。

近年来，我国政府对旅游产业与文化产业的融合发展予以了充分的重视，先后出台了一系列促进旅游产业与文化产业融合的文件，并且随着文化产业体制改革的不断推进，政府会不断打破旅游产业与文化产业之间的壁垒，为它们的融合发展提供强大的外部支撑力。

三、旅游开发现状

国内外旅游市场的蓬勃发展与多样需求促进了旅游业的蓬勃发展与繁荣。旅游业的发展必须通过旅游开发才能不断满足多元旅游的需求。我国的旅游业发展迅猛，已经成为国民经济中发展速度最快的产业之一，旅游业成为我国国民经济发展的战略性支柱产业。旅游业的发展将带动相关周边产业的发展，因此，旅游业可以说是"牵一发而动全身"的产业。旅游开发促进了旅游业迅猛的发展，也对旅游资源产生了或好或坏的影响。

（一）旅游开发影响研究

旅游开发是利用一定的旅游资源改造或创造新的旅游产品，旅游开发的过程中将会对旅游目的地的自然生态环境、历史人文、街区建筑、民风民俗、生活饮食等进行综合的统筹利用。旅游开发对当地社会经济、文化、自然生态、人居生活的影响一直都是备受争议的问题，有人大力支持旅游开发，有人则反对大规模的旅游开发。其实，旅游开发是一把"双刃剑"，对旅游目的地有着正负两方面的影响。若开发工作做得合理，那么会给当地的社会经济、文化、自然生态、人居生活带来较好的影响；若开发不当，不仅不能够持续地发展旅游，而且会给当地的经济、文化、生态等带来负面影响。

学术界关于旅游开发的认知也各有千秋，其关于旅游开发的影响研究同样集中于经济、生态、文化三大方面。

1. 经济影响

旅游开发的经济影响长期以来都是国内外旅游影响研究的重要内容。一些学者的研究指出，乡村旅游的开发能够充分利用乡村的剩余劳动力，增加农民收入，提高农民生活水平；同时，乡村旅游的开发也能够促进乡村产业结构的调整和经济的多样性，拓宽乡村建设的资金来源，吸引投资。随着旅游资源的开发，不同产业的竞争进一步加剧，导致产业空间重组和经济结构单一。有的学者从旅游开发对景区经济影响的层面对旅游开发的经济影响进行了分析，指出景区的旅游开发若发生在地域相对集中的区域，则人均得到的旅游收益较多；若景区与社区的距离相对较远，且社区相对分散，则人均得到的旅游收益则较少。在产权体制方面，旅游开发对当地居民带来的经济影响更多地表现为机会收益，缺乏固定的旅游收入。还有学者认为，旅游开发在经济方面对地区的旅游收入、旅游就业、产业结构有积极影响。当旅游业发展到一定规模时，旅游的产业地位将会特别突出，并会促进经济的发展；同时，旅游业的发展能够创造更多的就业机会。

2. 生态影响

一些学者的研究表明，虽然在旅游规划中旅游各分区在局部景观中占有一定的比例，但从较大范围的景观尺度分析，其对景观的格局、总体结构、连通性以及功能等方面均未造成较大的不利影响。而在旅游开发的过程中，一些地方政府和企业急功近利，进行盲目开发，甚至是"掠夺式"地开发旅游项目，旅游景区景点、交通设施、基础设施、游乐设施等设施设备的建设破坏了当地的土壤植被、地形地貌，污染水体，扰乱和改变当地野生动物的生活环境等，进而对整个自然生态系统造成巨大破坏。除此以外，旅游项目在开发经营的过程中，常常会由于各主体利益的不协调而出现对环境的恶性破坏。有些研究指出，旅游开发造成乡村农用地的大量减少，旅游建筑用地急剧增加；在土地利用的环境效益方面，会使"土地利用和土地覆被发生极大的变化，大量的农用地特别是耕地被占用，农民失地现象严重，潜在的社会矛盾增大，土地利用的社会效益被大打折扣；同时，游客大量的涌入破坏了当地的原生态环境，扰乱了自然生态平衡"。

3. 文化影响

关于旅游活动对文化影响的研究，其成果主要集中在当地语言、生活方式、价值观念、传统民俗、非物质文化遗产、文化保护与传承等方面。

有学者的研究指出，旅游资源的开发使印度尼西亚的莫拉斯村的传统文化、生活方式甚至价值观念发生了极大变化。当地人对旅游发展、计划所带来的文化的易变性感到焦虑不安，甚至恐慌。有些学者认为，乡村旅游的开发有利于传承和发扬乡村地区的文化传统；乡村旅游的发展使得传统文化、农耕文化、民俗文化这些无形的资源获得了新的价值体现；同时，随着乡村旅游的发展，乡村居民在与游客的接触中能够强化对自我身份的关注，增强自信心与自豪感。旅游开发对文化的积极影响主要表现在有利于促进民族文化的传承与发扬，消极影响为民族文化庸俗化。一些旅游开发商和经营者只看重短期的经济效益，而置民族文化的传承与保护于不顾，开发落后、庸俗的产品项目。还有些学者指出，在旅游开发的过程中，饮食文化存在着不可避免的变异，会出现饮食文化的失真，失去地方民族特色等问题。而非物质文化遗产的旅游开发有利于促进当地经济和文化的多样性，促进非物质文化遗产的可持续发展，增加旅游地的吸引力，满足居民以及外来游客多样性的需求，而且能增加当地人的文化认同，从而增强当地人的自豪感和归属感。

综上，多数研究认为旅游开发为旅游目的地带来了可观的经济利益，能够充分利用当地的剩余劳动力，增加居民收入，提高居民生活水平；同时，促进旅游目的地的产业结构调整，促进其经济多样化，增强当地的经济活力，提升当地社会知名度，在吸引投资建设的同时拓宽本地建设的资金来源，吸引投资。亦有不同的声音认为，旅游业的经济影响与当地的聚落形态及距离远近有关，旅游对经济的促进作用并不是绝对的，若景区与社区的距离相对较远，且社区相对分散，当地社区居民因旅游获得的经济收益则较少，旅游对当地社区的经济促进效应较小；旅游产业的快速发展会对当地原有的经济结构造成巨大的冲击，加剧不同产业的竞争，进而导致产业空间重组和经济结构单一，那么对于当地社区居民而言，经济收益的影响则不稳定。

从关于生态影响的研究成果来看，多数学者认为旅游开发对生态环境的影响是一把"双刃剑"，旅游开发促进了当地基础设施、整体环境的改善与提高，实现了一些废弃建筑空间、设施设备的再利用。然而，从宏观来看，旅游开发存在多方利益，旅游开发往往带来大规模的基础设施、娱乐设施的建设，进而出现大量圈地，造成土地利用效率低下、土壤植被减退、原始地形地貌被更改、水体污染，危及野生动植物生存，进而造成生态失衡。

学者关于旅游开发对文化的影响也各有褒贬。部分学者认为旅游开发对当地文化形成了严重冲击，造成当地方言普及率降低甚至消失；对当地居民的价值观、传统信仰带来冲击，造成特色文化的庸俗化、变异甚至变质。然而，亦有不少学者认为旅游的发展促进了旅游目的地文化遗产的保护与传承，更多人对当地文化的认知会增强当地人的身份认同感与文化认同感，增强其文化自豪感，进而促进文化的传承与延续。

（二）旅游开发现状

旅游业的发展最终以旅游产品为载体，旅游景区、旅游目的地的开发最终也以产品业态为呈现方式。随着世界经济的不断发展，大众生活水平显著提高，全民进入了休闲经济时代：互联网、自驾车、移动终端的发展，使得区域间的联系更加紧密；旅游成为大众增强互动联系、拓展认知的重要途径，成为当今大众的生活必需品。基于此，旅游产品的开发设计就显得尤为重要。我国的旅游业发展起步较晚，在党的十一届三中全会以后，旅游业才真正开始发展壮大，并随着改革开放的深入而发展迅猛。我国在旅游业发展初期的旅游产品较为粗放，且与旅游者的旅游需求吻合度较低。而现今，随着大众消费需求的多元化与个性化，旅游产品的开发也在不断地迎合大众、引领大众，且各具特色。

1. 旅游产品

首先根据现有旅游产品的定义对旅游产品的开发现状进行分类介绍，以便更好地把握当今多种旅游产品的开发现状及存在的问题。目前学术界对旅游产品的定义存在着较大的分歧和争议，至今没有形成对旅游产品的统一认识。

（1）旅游产品是一种经历。一些学者认为，旅游产品是旅游者从离家开始旅游到结束旅游回到家的整个过程中所包括的全部内容。也有学者认为，旅游产品是指旅游者花费了一定的时间、费用和精力所换取的一次旅游经历。还有学者认为，旅游产品是旅游者为了获得物质和精神上的满足，通过花费一定的货币、时间和精力所获得的旅游经历。旅游产品是旅游者在这个旅游活动过程中的全部经历与感受。

（2）旅游产品是一种组合产品。有些学者认为，旅游产品是提供给旅游者消费的各种要素的综合，其典型和传统的市场形象表现为旅游线路。还有学者认为，旅游产品是指旅游经营者凭借着旅游吸引物、交通和旅游设施，向旅游者提供的用于满足其旅游活动需求的全部服务。旅游产品是由多种要素组合而成的综合性产品。

（3）旅游产品是一种交换。旅游者与旅游经营者之间所交换的物质产品和服务产量的总和，即旅游产品，包括旅游吸引物、旅游交通、旅游接待设施、旅游纪念品等多种旅游产品。

以上关于旅游产品的定义各有侧重，都从某个方面阐述了旅游产品的一些特质。笔者认为，旅游产品是一种组合产品，基于旅游者的视角，旅游消费的是一种经历与体验，旅游企业为旅游者提供行、购、娱、食、住等各个方面的一系列产品，都是旅游产品的组成部分，旅游产品是旅游吸引物及其提供过程中综合作用的复合体。旅游产品的核心价值是为旅游者创造一种独特的体验。

其中，核心旅游产品带来了旅游者愉悦性休闲体验的核心利益，组合产品带来了旅游者餐饮、购物、住宿等方面的利益。核心旅游产品的类型并不一致，可能是主题游乐设施、温泉洗浴、水公园等产品项目；组合产品则主要包括承载吃、住、行、购等方面功能的产品，诸如住宿设施、购物街区及商店、旅游纪念品等都是组合产品的组成部分；外围旅游产品的主要功能是增强旅游者体验的满意度与舒适度，如景观环境、景区小火车、休闲座椅等基础设施与环境等。

在旅游者进行旅游的过程中，旅游目的地的旅游产品是影响旅游体验的核心，这就涉及旅游者在特定空间范围内吃、住、行、游、购、娱等各个方面。旅游者在目的地感受到的自然环境、文化意境、景观特色、趣味产品、人性服务都是旅游产品复合体的成员。旅游开发则是通过适当的方式将旅游资源进行组合加工以形成旅游吸引物。旅游资源的价值通常通过旅游开发得以体现，旅游产品是旅游资源价值的重要载体。旅游产品的开发的合理性关系到旅游资源价值的最优化。

2. 问题分析

在我国的旅游发展过程中，旅游景区产品的开发多依托既有资源，对我国广袤土地上的山水人文、历史遗迹加以利用，形成独具魅力的旅游景区、景点。如备受欢迎的北京胡同、四川九寨黄龙、长江三峡、云南丽江、海南三亚、长白山等旅游景区、景点。我国传统旅游产品的开发多依赖文物古迹、山水风光、民俗风情等稀缺资源，在此基础上进行辅助旅游产品的开发。随着社会经济的飞速发展、生活水平和受教育程度的提高，人们对旅游的需求也越来越多元化，观光旅游已经不能够满足大众的旅游需求，我国迎来了旅游休闲度假时代。

在度假旅游产品的开发方面，早在1992年，国务院就正式批准了在中国开办12个国家旅游度假区，随之各区域省市旅游度假区兴起，引起了旅游开发的热潮，也对旅游开发提出了更高的要求，带来了更多的挑战。度假区要实现自然环境、区内交通、游线、基础设施标示标牌、旅居系统、食宿购物、休闲娱乐等产品的齐全性、丰富性与特色性，且具备科学合理性与可持续发展性，这就要求在旅游开发的过程中形成融合生态、文态、业态和形态的旅游产品体系，这样才能具备较强的市场竞争力。随着大众旅游消费的多元化、个性化，在度假休闲旅游蓬勃发展的同时，修学旅游、体育探险旅游、自驾车旅游、养生养老旅游等项目也蓬勃发展、层出不穷。

虽然目前旅游市场上的旅游产品丰富多样、特色鲜明，获得了众多旅游者的认可，但是，从可持续发展的眼光来看，当今整体旅游市场上旅游产品的开发设计仍存在着明显的问题。首先，对优质资源的破坏十分严重。一些地区在旅游开发的过程中，由于多重利益相关，造成对资源的过度利用、巧取豪夺，开发出的旅游产品严重破坏了资源的原真性，对当地资源、文化、生态都造成巨大破坏。大拆大改，大修大建，营造新型、"时髦"的产品形态，然而，这些旅游产品中不乏粗制滥造的场所、景观以及品位低下的旅游娱乐活动等。其次，过度的商业开发造成游客体验感下降，不少区域、地方在经济利益的驱动下盲目兴建与开发景区，浓重的商业气息掩盖了人文景观、历史建筑的文化性、历史感，降低了游客的体验感知，甚至引起旅游者的反感。

从目前旅游开发与规划的现状来看，现有的旅游景区、旅游规划中，不乏开发经营状况良好、人文与自然和谐共生的旅游产品体系。但是，在旅游景区开发、旅游产品设计的过程中仍存在着严重的问题，如对旅游地资源（土地、自然环境、历史建筑、地方文化、民风民俗、民族节日、活动等）的无效利用、扭曲与破坏；传统文化的失真、过度商业化造成民风民俗的破坏及旅游者体验感知的下降；大拆大建造成的历史人文建筑的损坏及生态环境的破坏；更严重的是，一味盲目地造城、兴建带来了地方精神丧失、社区关系紧张、区域经济结构破坏等严重的区域社会问题。

这些问题的出现归根于旅游开发者对旅游者的文化心理、文化需求并不了解就盲目地进行旅游开发，以为有商业、游乐就可以运营旅游景区、景点；对旅游目的地传统文化精神、文化内涵、文化信仰、文化认同等把握不到位，造成生搬硬套、文化曲解乃至文化破坏，形成不伦不类的大杂烩景区、景点。对旅游者文化心理的把握、对旅游目的地地域文化的了解是良性旅游开发的前提，只有把握了主客文化精神，才可能构建与创新可持续发展的旅游产业，形成具有吸引力与品牌影响力的旅游目的地。

四、旅游开发与文化的关系

旅游目的地的地方感越独特，吸引力越大。文化是地方感的灵魂，是形成地方感的关键与核心，因此文化是旅游目的地吸引力的法宝。建筑、民俗、节庆、生活、生产等物质的、精神的文化形态都能够成为吸引消费者的亮点。在多数情况下，"我者"文化环境中的人们对文化特色的敏感度是比较低的，外来世界的"他者"则可能被习以为常的景象吸引。因此文化需要被发掘、被打造、被复现，这时就需要旅游开发与旅游规划。好的旅游开发与规划能够保持文化的活力，保持文化的原真性，体现文化的魅力与独特性，促进文化的保护、传承与延续；不好的旅游开发则可能加速文化的衰落与消亡，带来文化破坏，造成文化的庸俗化、低级趣味化，甚至造成文化的灭绝。下面主要对旅游业发展与文化的关系、旅游开发中文化的主要作用进行分析。

（一）旅游业发展与文化的关系

旅游发展与文化的关系密不可分。首先，文化是旅游者产生旅游动机的本质原因。人是有思想、有意识的动物，人们出游主要是出于对未知的思考与好奇，出于"乐生"的需要。在不断思考和好奇心驱动的文化心理下，旅游者向往在异地寻求独特的文化感悟、身心经历与体验。出游或追寻独特文化，或探寻神秘陌土，或挑战自我，旅游已成为旅游者在不断感受世界、享受身心的过程中不断认识自我、完善自我的过程。文化性就成为旅游活动产生与发展的核心与本质。旅游者在进行旅游活动的始末都是在享受、消费和收获文化，因此，文化是旅游活动的根本出发点与归宿。

其次，文化是旅游资源的核心价值与核心吸引力。旅游资源与文化密切相关。文化是人类文明最璀璨的结晶，先民的文化为当今的我们留下了太多宝贵的遗产，如思想、科技和生活方式等。先民在自然空间里留下的许多伟大的遗迹也是文化的结果，如金字塔、长城等。文化孕育了人文旅游资源，人文旅游资源是文化的写照。大量的人文资源都具有深厚的文化内涵，需要人们去发现、感悟与欣赏。从自然资源来看，文化与其也有着密切的关系，因为文化的审美与感知赋予了自然界各种事物无穷的想象空间与魅力。人们对自由、雄伟等进行遐想所创造的诗词，为高山田野创造了美好的意境，如李白、陶渊明、苏轼等历史上的文豪为我国的山川、自然现象赋予了独特的意境，使得这些自然存在变得富有文化意蕴。由此，许多自然景观就拥有了文化属性与叠加的历史文化色彩，成为旅游开发的重要依据与旅游产品的核心吸引力。

再次，文化是旅游业蓬勃发展的灵魂。旅游是一种广义的特殊文化活动，它既是文化的消费过程，也是文化的创造过程。文化是旅游的内涵和深层表述。旅游业是"文化性很强的经济事业，也是经济性很强的文化事业"。旅游者出游主要是出于精神生活的需要，其目的是追求文化的享受与文化的感悟。现代旅游已经从单纯的观光旅游发展成为综合的、高品位的深度文化体验活动。这就要求旅游产品要具备文化品位与文化特色，只有这样才可能满足当代旅游者的需求，保证旅游产品具有较为长久的吸引力与生命力，促进旅游景区的可持续发展。在旅游业，吃、住、行、游、购、娱这六大要素中的餐饮、住宿、娱乐等服务环节的文化品位、管理人员的文化素质、企业文化等都是增强旅游生命力的重要元素。因此，只有加强文化品位的塑造才能使旅游景区、旅游企业在市场经济的竞争中屹立不倒，实现可持续发展。

（二）旅游开发中文化的主要作用

从某种角度来看，旅游开发与规划是一种文化构建行为，是认识文化、挖掘文化、表现文化与传承创新文化的过程。文化在旅游开发中不仅占据着核心的作用与地位，而且被广泛应用于旅游开发工作中的各个方面与阶段。

1. 文化贯穿于旅游开发的始末

在旅游开发的过程中，对旅游资源进行有效科学的评价与认识，需要依赖于对资源文化内涵的把握。旅游产品开发者只有对资源的文化内涵与表现形式形成准确的认识与把握，才能使开发出的旅游产品具有一定的文化品位与文化内涵，才能使旅游产品满足旅游市场的需求。文化在旅游资源的开发过程中具有点石成金的能力，在市场经济飞速发展与信息大爆炸的知识经济时代，文化内涵是形成具有强大吸引力与长久生命力的旅游产品的关键。如何将文化与旅游资源的开发相结合，设计出具有市场吸引力与影响力的旅游产品，是旅游开发工作的关键。例如，对历史遗存的古建筑的开发利用，关键就是运用适当的方式呈现当时历史时期的生活状态与文化意境，并形成在形式上满足现代人生活需要、在内涵上保持文化一致性的旅游产品，实现文化的传承与创新。除了文化在旅游资源开发中的重要作用，文化对整个旅游景区的开发设计、空间布局、产品业态、景观环境都有着重要的影响。首先，文化对景区的空间布局、功能分区、游线交通的组织都有着决定意义。文化线索将景区的功能分区，以情感、体验氛围或主题差异性与连贯性等方式紧紧地联系起来。其次，在交通游线的组织上，根据游客的文化心理、景区主题分区、核心功能等主、客观文化意识相综合形成相应的主次游线系统。在景区的景观小品、标志标识的设计方面，文化元素更成为核心要素，景区的景观小品、生态环境都是对景区整体氛围的营造，在设计景观小品的造型、外观、图案等细节时都需要对地域、景区文化进行充分的了解与把握，通过文化创新的形式打造景观小品，使其为景区重要的空间意境点缀。由此可见，文化在景区开发、建设的过程中无处不在，是景区开发建设体系的灵魂。

2. 文化是旅游地品牌形象的关键

独特的品牌形象是旅游地形成旅游印象、旅游感知与市场竞争力的核心，品牌形象影响旅游者对旅游目的地的第一感知。部分学者认为，旅游形象是吸引游客最关键的因素之一。成功的旅游目的地，大多具有独特迷人的旅游形象。独具魅力的旅游形象是保证稳定的客源、产生广泛的推动效应、旅游业可持续发展的强大动力。还有些学者认为，一个旅游地的旅游形象在人们心目中的好坏，是潜在旅游者能否转化为现实旅游者的关键因素之一。其往往是旅游者准备出游进行目的地选择或诱发出游欲望动机的首要因素，其次才是考虑距离、时间、成本等问题。鲜明独特的旅游形象有助于弱化旅游业发展中距离、价格等带来的负面影响。对旅游资源内涵、地方特色进行深层次的挖掘，有利于形成鲜明的旅游形象，同时，有利于保护珍稀的、特有的旅游资源。旅游目的地的旅游形象的基本定位是旅游形象设计的核心，即"旅游目的地将在旅游者心目中树立并传播怎样的一种形象，这种形象如何成为吸引人们前来旅游的动力源泉"。旅游目的地的旅游形象的建立需要把这种形象与地区的经济、文化、环境、建筑等各方面相融合与渗透。地域文化价值观、地区特色的人文建筑、文化符号、信仰符号、自然景观符号等都是目的地旅游形象的缩影与标志物。旅游目的地的形象设计、宣传口号、标示标志等是旅游目的地形象的灵魂，是旅游目的地持续发展的精神动力。因此，在进行旅游形象设计的过程中，只有把握地方文化脉络，对相应的、核心的与旅游形象和形成核心理念相关的文化要素进行提炼与梳理，最终进行综合科学定位，才可能形成较为科学合理的旅游形象。好的旅游目的地形象定位是对旅游目的地地域特色文化的浓缩与写照，能够鲜明地反映旅游目的地的文化特色。

旅游目的地形象设计是旅游开发与规划中的重要内容之一，从旅游业的发展趋势来看，文化因素在旅游发展中起着日趋重要的作用，旅游者在旅游过程中追求知识、文化的认知，提高审美情趣已成为营造旅游特色的重要成分，树立旅游形象实质上是树立文化形象。

第二节　文化与旅游融合发展的主要类型

一、近年主要旅游演艺项目文化元素

表 1-1 介绍了近几年来主要旅游演艺项目的文化元素概况。

表 1-1 近几年来主要旅游演艺项目的文化元素概况

项目名称	类型	场景	文化元素
《禅宗山林·音乐大典》	山地实景演出	水乐·禅境 木乐·禅定 风乐·禅武 光乐·禅悟 石乐·禅颂	突出禅宗与少林两大主题
《大宋·东京梦华》	大型水上实景演出	序：虞美人 醉东风 蝶恋花 齐天乐 满江红 尾声：水调歌头	突出北宋辉煌宏伟的大国气象、繁荣富足的社会风貌、独树一帜的民俗文化、引人入胜的文学佳境，对北宋文化进行较好的诠释
《千回大宋》	大型室内歌舞	序：千年一叹 禅音 市井 忠烈 清风 梦回	以大宋历史文化为背景，以千年开封历史人文为主线，再现汴京繁华
《忠烈千秋杨家将》	大型实景演出	一门忠烈 情定穆柯寨 英雄聚会 大破天门阵	充分展示了杨家将文化的独特魅力，表现了杨家将金戈铁马，征战疆场的动人画面
《河洛风》	大型歌舞剧	序：洛神 龙门之光 东都盛景 九朝乐舞 国色天香 尾声	融合了河图洛书、周公定鼎、汉魏风骨、唐代女皇武则天时的繁荣，以及宋代牡丹甲天下等众多内容，用舞蹈的形式，史诗般地再现了河洛大地的文化
《夷水丽川》	洞穴原生态情景剧	序：焚香祭祖 白虎雄风 巴裔风情 龙船古韵 尾声：鼓鸣舍巴	以龙船调、撒尔嗬、茅古斯等非物质文化遗产资源为核心，涵盖了恩施自治州民间文学、民俗、传统手工技艺、民间音乐和民间舞蹈5个非物质文化遗产类别
《盛世峡江》	大型生态情景演出	祭魂纤夫 峡江风情 天筑奇观	表现人类对三峡的神往和对大自然的礼赞，长江水患对生灵的冲击、中华民族顽强抗争洪魔、三峡建设创造世界奇迹

续表

项目名称	类型	场景	文化元素
《楚水巴山》	大型民族风情音画	序：巴虎楚风 上篇：神农木鼓 　　　沮漳陶影 　　　利牙火塘 　　　巴山夜话 下篇：千秋简魂 　　　香溪桃花 　　　西塞烽火 　　　钟鸣云天 尾声：虎凤合鸣	以歌舞的形式，将梆鼓、陶音、跳丧等具有鲜明民族特色的音乐和舞蹈表现出来
《梦幻九歌》	大型杂技旅游剧	东皇太一（女子柔术） 云中君（流星、转碟） 湘君湘夫人（绸调） 大司命（大球杠杆、狮子舞） 少司命（集体顶碗） 东君（钻圈、吊环顶技） 河伯（空竹、草帽） 山鬼（绳上技巧） 国殇（大跳板）	取材屈原的《楚辞·九歌》，用杂技与舞蹈展现了楚国祭祀等风情
《天门狐仙·新刘海砍樵》	山水实景音乐歌舞剧	狐王选妃 仙山奇遇 月夜相思 背叛旋风 千年守望	讲述了刘海和狐仙冲破阻挠最终在一起的爱情故事
《魅力湘西》	大型民族文化节目	序：火·鼓 千古边城翠 追爱相思楼 狂野茅古斯 豪情合拢宴 英雄归故乡	主要展演大湘西土家、苗、白、瑶、侗五大少数民族独特的民俗文化，为武陵源区对外主打的文化演艺节目
《武陵魂·梯玛神歌》	大型山水原生态歌舞史诗实景演出	神之殇 神之韵 神之怆 神之天堂	记载了土家族的起源、演变、战争和生产生活等所有内容

项目名称	类型	场景	文化元素
《印象·张家界》	民俗歌舞晚会	远古张家界 风情张家界 神秘张家界 浪漫张家界	展现地域内土家、苗、侗、白、瑶等多个少数民族的经典民俗文化
《创世纪》	大型音乐舞蹈	古中国 古埃及 古巴比伦 古印度 古希腊	展示了人类文明发展的壮阔历程
《千古风流》	大型音乐舞蹈史诗	特洛伊 罗摩衍那 楚魂汉风 源氏物语 天方夜谭	以"生命与爱情"为主题,从五个世界经典爱情故事中选取五个动人悱恻的情节
《东方霓裳》	大型民族服饰舞蹈诗	北国风 南疆花 西城雪 东海月	按照中国地域东、南、西、北的划分,巧妙地融进"风、花、雪、月"的诗意,通过精美的服饰制作、新颖的舞美手段展现了中国各民族的服饰文化和风土人情
《龙凤舞中华》	大型歌舞节目	远古回音壁 民俗风情画 彩凤踏云飞	体验中华民族56种风情的魅力
《天禅》	多媒体交响音画	序:绿色创意主题 水、火、陶 佛、舞、海 天、地、人	以禅茶文化为主题的大型多媒体交响音画晚会
《印象·海南岛》	面朝大海半开放式大型实景演出	太阳伞 印象大海 印象阳光 印象沙滩 印象椰子 印象水男孩 印象红色娘子军	以海岛文化为依托,演出将时尚、休闲、浪漫的元素带给游客,通过新颖的艺术形式和丰富的艺术元素展现海南岛的海岛风情、休闲文化和浪漫椰城
《三亚千古情》	大型原创歌舞演艺	序:落笔洞 冼夫人 海上丝路 鉴真东渡 鹿回头 尾声:美丽三亚	以落笔洞、海上丝路、冼夫人、鹿回头等三亚著名的历史典故、神话传说为基点,融合世界歌舞、杂技于一体

续表

项目名称	类型	场景	文化元素
《藏迷》	首部大型藏族原生态歌舞乐	六弦琴 长袖舞 藏族多声部合唱 牦牛舞 歌曲 打阿嘎 赛装节 夏拉舞 轮回之梦 尾声	主要以歌、舞、器乐表演为主，以情景式的藏族生活、民间民俗、宗教仪式情景再现的艺术表现形式为主体，以藏族老阿妈虔诚朝拜的路途中所见为主线，表现了藏民族生活、民间民俗、宗教仪式场景
《道解都江堰》	遗址实景演出	失道 问道 解道 平常道 非常道	用博大精深的道文化，对顺应自然、天人合一结合造福千秋万代的水利工程进行艺术诠释
《天府蜀韵》	原创音舞诗画	古今风韵 人杰地灵 巴山蜀水 美好家园	呈现给观众的是繁华历史、享誉天下的川蜀风情
《天下峨眉》	3D 山水实景剧	佛法西来 海通造佛 佛光普照	整个演出充分结合峨眉山的特点，在演出时再现了"峨眉四绝"；同时穿插运用全新的手法表现四川的民间绝技，如手影、变脸、吐火，以及让人眼花缭乱、拍案叫绝的峨眉武功
《多彩贵州风》	大型民族歌舞	天酿 多耶 飞歌 ……	取材全部来自省内少数民族生产生活的场景
《玉水不夜天》	山水实景音乐剧	天地人和 山水情新 大地献宝 玉水托金	展示平塘奇秀的自然风光和古朴的民族风情
《吉鑫宴舞》	歌舞宴	南诏盛宴 秀色可餐 花腰风情 圣洁祝福 七彩云霞	展现了具有三千年历史的西南歌舞艺术及云南美食文化

项目名称	类型	场景	文化元素
《云南映象》	大型原生态歌舞集	序：混沌初开 太阳 土地 家园 火祭 朝圣尾声：雀之灵	云南的原生态文化和民族文化
《印象·丽江》	大型实景山水演出剧	印象·丽江雪山 人与自然的对话 印象·丽江古城	以雪山为背景，以民俗文化为载体，投入大量民族元素
《丽水金沙》	旅游歌舞晚会	序 水 山 情	独特高原民族文化现象、亘古绝丽的古纳西王国的文化宝藏
《蝴蝶之梦》	大型梦幻风情歌舞	序 洱海明珠 三塔香云 苍山叠翠 蝴蝶泉边	展现"蝴蝶"特色文化内涵
《仿唐乐舞》	仿古乐舞	这部乐舞由14段音乐、舞蹈组成。舞蹈部分有： 燃灯舞 观鸟扑蝉 柘枝舞 剑器 白贮舞 面具金刚力士 踏摇娘 踏歌	演出采用唐宫梨园弟子向皇帝和各国使节、四方宾客呈现歌舞的方式，由"教场使"吟诵报幕来连接各段乐舞，形成一个表演整体，展现1 300多年前唐代多姿多彩的乐舞艺术精华
《梦回大唐》	综合性大型乐舞表演	序：游园惊梦 梦幻霓裳 梦邀秦王 梦浴华清 梦萦西域 梦游曲江 梦回大唐	集盛唐风情、歌舞精粹、绚丽奇幻、神秘刺激、狂欢多彩的综合性大型乐舞表演

项目名称	类型	场景	文化元素
《盟誓华清宫》	大型实景歌舞剧	帝妃巡游 贵妃出浴 贵妃醉酒 宫廷宴乐 七夕盟誓 安史之乱 马嵬兵变	借用古典的舞蹈与现代的舞美技术再现唐明皇与杨贵妃缠绵悱恻的爱情传奇
《长恨歌》	大型山水历史舞剧	一朝选在君王侧 夜半无人私语时 春寒赐浴华清池 惊破霓裳羽衣曲 玉楼宴罢醉和春 仙乐风飘处处闻 三千宠爱在一身 渔阳鼙鼓动地来 花钿委地无人收 天上人间会相见	是以唐华清宫遗址为背景、以盛唐文化为主题、据白居易诗作中脍炙人口的名篇《长恨歌》改编创排的大型山水情景舞剧
《大梦敦煌》	大型实景舞剧	月牙出场时的独舞 莫高与月牙共赏卷轴 月牙认出莫高 莫高强忍悲痛完成壁画	以敦煌为题材、以敦煌艺术宝库的千百年创造历史为背景的大型舞剧
《丝路花雨》	大型民族舞剧	序幕：爱女被夺 神笔张按女儿舞姿画出敦煌壁画 神笔张父女团聚 英娘与波斯人互授技艺 神笔张神游天堂 神笔张热血洒丝路 英娘献艺节度使 尾声：中外丝路友谊长	以中国唐朝极盛时期为背景，以举世闻名的丝绸之路和敦煌壁画为题材，歌颂了老画工神笔张和歌伎英娘父女俩的光辉艺术劳动，描写了他们的悲欢离合，高度颂扬了中国和西域人民源远流长的友谊，再现了唐朝内政昌明，对外经济、文化交往频繁的盛况
《天城天堂》	大型印花舞蹈史诗	序幕 天意 天城 天堂 尾声	从三江起源、"王母瑶池"、彩陶文化等文明的发祥，如画卷一般一幕幕向观众展示着西宁绵延悠久的多元特色地域文化发展脉络

项目名称	类型	场景	文化元素
《秘境青海》	大型原创六幕音画史诗	神鸟的眼泪 三江源的爱情 太阳部落的儿子 沙漠中的灵山 风与影的述说 生命树下的轮回	以青藏高原和三江源历史文化为背景，讲述创世之初西王母在阻止火神疯狂时被灼伤面颊，人类来到新的生存地。西王母召唤山神，保佑人类繁衍生息。人类从此生生不息，西王母率领众神重返净土秘境
《鼎盛王朝·康熙大典》	大型实景演出：全球首部皇家文化主题	序：逐鹿 天问 天籁 天命 天下	以承德独特的自然元素和人文元素为创作基础，康乾盛世时期的历史脉络与皇家文化元素
《吴桥杂技大世界园区演出》	世界唯一杂技主题公园中国规模最大的表演类型的旅游景点	江湖文化城 红牡丹剧场 魔术剧场 中华博物馆 滑稽动物园等	集游乐、人文、博物、民俗、杂技培训、比赛交流于一体
《人间正道》	大型实景演出	苍茫大地 风雨欲来 谁主沉浮 人间正道 东方红 再现从建党到解放战争胜利的历史	通过200多名百姓手推车支援前线、大批学生反内战游行、解放军英勇杀敌等实景再现，回顾了中国共产党的风雨历程，尤其是在西柏坡期间取得的辉煌成就
《升堂系列剧》	室内情景剧	逆子回头记 巧断盗银案 巧断钱袋案 金锁链等	
《又见平遥》	大型实景演艺项目大型情境体验剧	选妻 镖师死浴 灵魂回家 面秀等	该剧以山西历史文化、晋商特色、民族特色，山西人、事、物为表演主题：讲述关于血脉传承、生生不息的故事，以"诚信、仁德"为代表的晋商精神唤醒了人们心底的纯真
《夜泊秦淮》	大型实景演出	六朝风情 盛唐风月 南唐风韵 大明风华 清代风雅	秦淮历史文化，利用湖畔，水上舞台、漂移的荷花、月亮道具、高空飞人特技等对秦淮文化进行实景再现，具有强烈的现场感和观赏性

项目名称	类型	场景	文化元素
《灵山吉祥颂》	大型音乐史诗情景	引子 大千世界 皇宫内外 雨夜沉思 人生旅途 寻找真谛 降伏心魔 清凉世界 佛颂	讲述了乔达摩·悉达多辉煌而圆满的人生历程；全面展示了佛教产生的渊源及史实；也是人们体悟佛法、寻找自身圆满的印证之路
《四季周庄》	中国第一部呈现江南原生态文化的水乡实景演出	水韵周庄——渔歌、渔妇、渔灯、渔作； 四季周庄——春雨巷、夏采藕、秋丰收、冬过年； 民俗周庄——迎财神、打田财,阿婆茶、水乡婚庆	江南水乡传统文化、杂技、传说、民俗、舞蹈吴歌、情景表演
《印象·西湖》	都市大型山水实景演出	相见 相爱 离别 追忆 印象	西湖历史人文和自然风光，杭州古老民间传说、神话、高科技表现手法
《宋城千古情》	室内立体全景式大型歌舞	良渚之光 宋宫宴舞 金戈铁马 西子传说 魅力杭州	杭州的历史典故、神话传说和人文景观，融合歌舞、杂技、戏曲等表现形式，通过绚丽的舞台技术加以呈现
《吴越千古情》	大型室内实景演出	序：风雪囚途 西施浣纱 惊艳吴宫 复国之战 世界相聚	吴越文化；围绕杭州历史，以吴越争霸、西施范蠡的爱情故事为主线，演绎了一曲荡气回肠的春秋绝恋
《西湖之夜》	室内立体全景式综艺晚会	岳王雄风 南宋盛景 梁祝情缘 东方佛光 风雅西湖 钱江时代	以杭州历史文化、民俗风情，结合西方经典艺术，用大型舞蹈、戏曲、杂技、绝活、魔术等艺术表演形式和现代思维方式加以包装，演绎中华文明史的立体全景式综艺晚会

项目名称	类型	场景	文化元素
《印象·普陀》	大型实景演出	佛缘 心诉 求佛 向佛 悟佛 普度 皈佛 佛性 修行 解脱 祈福	普陀观音文化；借佛教文化中的大爱、美德与自悟为主题元素，表达了所有时代人类社会中的共通情感，通过不同角度的思考与发现，体验生命之美；舟山地域文化特色
《印象·大红袍》	大型山水实景演出；世界上第一座"山水环景剧场"	南方有嘉木；犹提官灯半掩颜；梦回大唐；斗茶昧分轻醍醐；可美玉女并肩立；大红袍的传说；你放下了吗；一叶红衣方舟去；九曲溪山竞风流；茶摇翠影；悦青揉捻制茶忙；撩动青茶愿红年；采摘香茶献客来茶祭祀、大红袍冲泡技艺等新场景	以茶为主线，融历史、民俗、山水、茶文化于一体的实景演出：茶文化、民俗文化、茶史、各个制茶工艺，还借助当下流行的"偷菜、炒房、蜗居"等语汇，大王与玉女的爱情故事，武夷山方言民歌表演；武夷山下梅古民居建筑元素
《水火传奇》	大型实景互动旅游演艺	序 火 水 水火相遇 水火缠绵 水火不容 火神发怒 水神发威 元灵现身 水火交融	云顶山寨文化、武术文化、科举文化、茶文化、山水文化、温泉文化，以及民俗文化等符号，围绕远古水、火两原始部落为民族尊严、至高无上信仰，浪漫曲折爱情演艺一段千古佳话
《冰上杂技——幻境极光》	剧场曲艺杂技	序：极光闪现 冰品雪舞 幻境风情 生命律动	以花样滑冰为载体，融入中国传统杂技和戏剧、舞蹈等多种元素，是多种表演形式的综合

续表

项目名称	类型	场景	文化元素
《徽韵》	大型全景式现代歌舞	四季黄山 天上人间 痴梦徽州 徽班进京 皖风徽韵	包含了四季变化的奇美黄山；董永和七仙女的美丽爱情传说；解读"徽商"雄霸中国商界将近400年的历史原因；反映国粹"京剧"是由"徽班进京"演变而来的真实史料故事
《宏村阿菊》	大型实景文化演出	序幕 甜蜜新婚 不舍送别 强盗袭村 永恒的爱	以古徽州文化为前景，艺术再现徽州女人贤惠、勤劳、持家、教子、耕耘劳作，以及忠贞如一、保卫家园的新形象和新身份
《井冈山》	大型实景演出我国目前唯一的一台演绎红色经典的大型实景演出	旗 灯 情 火 路	展现了80年前井冈山革命根据地那段血与火的岁月，揭示了红色文化内涵
《孔子》	大型原创舞剧	序：天降仲尼 礼乐天籁 仁德安邦 圣坛惊梦 车革千国 尾声：万世师表	全景式展现孔子一生历尽磨难，矢志不移、仁德治国的博大胸怀，忠实地体现了孔子以仁为本、以和为贵、以礼为先、以忠孝为大、以智信为怀、以情义为天的思想精髓
《杏坛圣梦》	大型广场乐舞大型歌舞史诗	序幕 学而时习之，不亦说乎；发乎情，止乎礼； 四海之内皆兄弟 有朋自远方来，不亦乐乎	展现了孔子思想精华、齐鲁文化精粹、广场艺术、服饰艺术及灯光艺术
《中华泰山封禅大典》	大型实景演出	序幕 金戈铁马·泰 儒风雅乐·汉 盛世气象·唐 艺术王朝·宋 康乾盛世·清 尾声	再现秦、汉、唐、宋、清五朝皇帝登山封禅场景，以泰山历史文化为核心，以泰山自然山水为背景，充分展示泰山文化的独特价值和精神内涵以及皇家礼仪、中华戏曲、历朝歌舞与高科技手段

项目名称	类型	场景	文化元素
《梦归琴岛》	大型魔术舞剧	序：永不褪色的记忆 昔日的繁华 火红的年代 纽约圣诞夜	以舞台剧形式讲述了青岛女孩舒琴与美国青年麦克的爱情故事，运用了舞蹈、魔术、杂技、柔术等各种艺术表现形式；剧中先后呈现了26项魔术奇观，在国内第一次把镜面幕、皮筋幕、光雕和激光等高科技手段运用到魔术中
《神游华夏》	大型山水实景演出	序：开天辟地 寻祖溯源 天地和谐 世外桃源 九州风情 龙的传人 太平盛世	将音乐、戏曲、舞蹈、威亚、民俗、杂技、多媒体、烟火等融入山形地貌中，展示中华民族的优秀文化
《金面王朝》	主题公园	战争 桑田 锻造 庆典 月下 洪水 祭天 幻化	来自三星堆的创作灵感，金面王朝以远古三星堆文明为时代背景，讲述了金面女王用智慧、宽容、信任和爱造就了一个辉煌的王朝
《功夫传奇》	巡演类	启蒙 学艺 铸炼 思凡 面壁	传统的中国功夫。在武术、杂技等传统硬派功夫表演的基础上，融入芭蕾舞、现代舞、交响乐、佛教音乐等多种艺术表演形式。该剧既有腾跃扑跌、卧钉板、承重锤、舞锐矛、顶举赤身僧等过硬的武功表演，又有通过舞蹈、音乐和舞美来表现的故事情节以及刻画人物思想情感的细腻段落

项目名称	类型	场景	文化元素
《北京京剧》	剧场类	八仙过海 虹桥赠珠 霸王别姬 天女散花 闹龙宫 水漫金山 火神阻路 十八罗汉斗悟空 拾玉镯 秋江 挡马 盗库银 三岔口 扈家庄 盗仙草	京剧表演融合了唱、念、坐、打等多种艺术表现形式，辅以五彩缤纷的服装道具以及化妆
《圣水观音》	大型综艺晚会	千江有水千江月（大场景） 雪莲（冰上芭蕾） 惊鸿倒影（水中实景） 两条鱼（水中芭蕾） 行云流水（冰上芭蕾与肩上芭蕾） 彼岸（水中实景） 千手观音（舞蹈） 人类吉祥（大场景）	佛教文化，综合了冰上芭蕾、水中芭蕾、舞蹈、杂技等多种影视元素
《飞翔》	剧场剧艺杂技	抖空竹、飞车走壁、三人技巧、钻台圈、转碟、踢碗、死亡之轮、柔术、大跳板等杂技表演	中国传统杂技表演元素，以三星堆文化、金沙和羌文化为背景，将舞蹈、声光、舞美和文学以及现代高科技手法融合
《印象·刘三姐》	大型山水实景演出	对歌、盛典、渔火、情歌	《印象·刘三姐》的演出是以方圆2 000米的漓江水域、12座背景山峰、广袤无际的天穹为背景，放眼望去，漓江的水、桂林的山，化为中心的舞台，突出传统的民族特色

31

项目名称	类型	场景	文化元素
《梦幻漓江》	大型山水实景演出	山水育化 生命与永恒 江底奇观 东方情韵	采用芭蕾与杂技这种亚洲首创的完美组合来充分展现漓江的历史变迁、山水景观和人文情韵
《时空之旅》	剧场类	单一剧目	以中国杂技为主要元素
《相声、戏曲》	剧场剧艺杂技	智取威虎山	传统茶馆相声文化
《文成公主》	藏戏	大唐之韵 天地梵音 藏舞大美 高原之神 藏汉和美	本剧融合了数十种藏族非物质文化遗产的元素，以最富有传奇色彩的故事、最强大的演出阵容、最恢宏的气势、最具有震撼力的视听效果，开创了实景剧发展的新纪元
《河街茶馆》	话剧	苛捐杂税 抗日参军 江湖义气 狗仗人势 情窦初开	融入重庆本土方言、民歌、戏曲、川江号子等艺术表现形式，尽显重庆地域特色。融入了很多巴渝文化元素，如川江号子、巴渝清音等，还把重庆话特有的幽默、调侃等表现得淋漓尽致
《巫山神女》	歌剧	云雨巫山守护着神奇的山水、梦想家园 顺风顺水好行船 神女吟	历史人物、民俗风情，巫山文化包括：神女文化和爱神文化（高唐文化：神女赋、高唐赋）
《巴渝情缘》	歌舞	川江号子 吊脚楼 三峡纤夫 妙手观音 鬼城传说 市井民俗 麻·辣·烫 人神之恋	全剧集合了川江号子、吊脚楼、三峡纤夫、大足石刻、山城棒棒军、麻辣烫、重庆儿歌、巫山神女、变脸等众多重庆独特文化符号
《喀纳斯盛典》	大型舞台艺术剧	春 夏 秋 冬	将自然美景与神话传说、民俗风情完美融合，体现阿勒泰地区的草原文化和以哈萨克为主的地方民族文化
《东归印象》	历史实景剧——巡演类	该剧共分为两个部分：第一部分以回家为主题，第二部分介绍土尔扈特的故乡	巴音布鲁克大草原、蒙古族民俗风情和土尔扈特东归历史

项目名称	类型	场景	文化元素
《你好，阿凡提》	实景剧	浪漫、勇敢、神奇	新疆历史文化
《喀什噶尔》	大型歌舞——巡演类	西域重镇 木卡姆故乡 大漠情怀 帕米尔情韵 绿洲风采	它以优美动人的民族舞蹈、闻名世界的十二木卡姆乐曲、鲜艳的民族服饰和引人入胜的歌舞剧情描绘了南疆的自然风光和风土人情，展现出喀什古镇所拥有的历史文明和现代辉煌
《印象·二道桥》	大型歌舞剧	古韵丝路 万方奏乐 七彩霓虹	乌鲁木齐历史、维吾尔族本土餐饮文化
《北京刘老根大舞台》	剧场类	不是钱的事 乡村爱情 樱桃 乡村名流	东北文化
《Star Dream·未来之星的梦》	剧场类	开幕式、排球、花盘、对手顶、空竹、蹬伞、地圈、车技、谢幕式	以杂技为主体，将音乐、舞蹈、戏剧、武术等艺术完美融为一体
《坐夜三江》	大型实景演出	侗族大歌 喊姑娘 闹姑娘 坐姑娘 姑娘节 多耶团圆	这台大型侗族风情实景演出中，汇聚了侗族地区的婚恋、劳作、民风民俗等民族文化元素
《梦·巴马》	实景演出	瑶乡情韵 欢乐山乡 长寿山乡	演出以歌舞的形式表现了瑶族婚礼、铜鼓舞、补粮、天浴等巴马魅力文化元素

　　通过对上述演艺产品体现的文化元素进行归纳分析，可以发现国内大多数旅游演艺产品的取材皆来自我国的传统文化、少数民族文化，且大多与当地的文化内涵紧密相关，并对这些文化要素进行了充分的挖掘和展示。在大多数旅游演艺产品中，当地的地域风情和文化内涵是其创作灵感与主题的主要来源，二者有效地融合与统一起来，对产品内涵的丰富产生了良好效果。此外，也不难看出，在原有资源底蕴的基础上，旅游演艺产品也进行了艺术的再创作与再生产，甚至已被打造成当地旅游的一大品牌，不仅较好地活化和展示了当地文化，而且具有不可重复性和不可再生性，成为我国旅游产品中十分出彩的一类。

　　例如，恩施的《夷水丽川》，以龙船调、撒尔嗬、茅古斯等非物质文化遗产资源为核心，涵盖了恩施自治州民间文学、民俗、传统手工技艺、民间音乐和民间舞蹈这五个非物质文化遗产类别；宜昌的《盛世峡江》，表现了人类对三峡的神往和对大自然的礼赞、长江水患对生灵的冲击、中华民族顽强抗争洪魔、三峡建设创造世界奇迹；张家界的《魅力湘西》主要展演了大湘西土家、苗、白、瑶、侗五大少数民族独特的民俗文化；三亚的《三亚千古情》展示了落笔洞、海上丝路、冼夫人、鹿回头等三亚著名的历史典故和神话传说；四川九寨沟的《藏迷》主要以歌、舞、器乐表演为主，以情景式的藏族生活、民间民俗、宗教仪式情景再现的艺术表现形式为主体，以藏族老阿妈虔诚朝拜的路途中所见为主线，表现了九寨沟藏民族的生活、民间民俗和宗教仪式场景；甘肃敦煌的《大梦敦煌》是以敦煌艺术宝库的千百年创造历史为背景的大型舞剧等，均对当地深厚且知名度较高的文化资源进行了艺术化解读。这些当地的文化元素成为旅游演艺的重要素材来源，旅游演艺也对当地文化的传承和发扬光大起到了重要作用。

二、开发实例

文化与旅游的关系是纠葛复杂的，文化是旅游的原动力，对文化的好奇心、求知欲、回忆等因素促进了古往今来不断壮大的旅游群体的形成，独特的地域文化、民族风情成为旅游目的地脱颖而出、经久不衰的核心。文化引发了旅游，壮大了旅游；旅游激活了文化，也影响了文化。下面以典型旅游目的地为例，剖析旅游与文化的动力影响机制。

（一）丽江古城

丽江古城地处滇、川、藏交通要塞，坐落在丽江坝中部，与国家历史文化名胜的四川阆中、山西平遥、安徽歙县并称"保存最完好的四大古城"，它是中国历史名城中两个没有城墙的古城之一。丽江古城纳西名为"巩本知"，"巩本"即仓廪，"知"即为集市，所以我们理解为丽江古城曾是仓廪集散地。它始建于宋末元初，古城地处云贵高原，全城面积有3.8平方千米，是远近闻名的集市与重镇。现有居民11.26万多户，人口约28.9万人。丽江在历史上是茶马古道重要的货物中转集散地。茶马古道的繁荣造就了丽江古城的辉煌。迄今为止，丽江古城是茶马古道上保存最为完好的历史文化名城。丽江古城独特的古镇格局、民族文化成为旅游者蜂拥而至的主要原因。2012年丽江古镇全年游客接待量高达1 599.1万人次，2020年高达5 000万人次，丽江的游客数量依然呈不断上升的状态。丽江的旅游发展让更多的人了解了这座边陲小城，为这座小城带来了众多的经济利益，但是丽江旅游的发展也导致了丽江古城纳西文化的消逝、古镇风貌发生变化等文化问题。高负荷的游客接待使得古镇的负担越来越重。下面本书将对丽江古城的旅游开发进行分析，其中包括丽江旅游开发的状况、对文化的影响。

1. 丽江古城的旅游开发状况

丽江古城自古以来是商贸重镇，也是世界文化遗产地，由大研古镇、束河古镇、白沙古镇共同构成。纳西族人民在进入丽江坝子之后，在玉龙雪山山前建立了白沙古镇；随着民族的不断迁徙与壮大，建立了束河古镇；后又随着社会经济发展的需要，建立了大研古镇。白沙古镇是束河古镇与大研古镇的原版。目前丽江古城的三大主体古镇都已被不同程度地开发。大研古镇是当前旅游经济发展的主要区域，是纳西民族文化展示、大众游客参与体验、旅游商业活动的舞台化空间，大研古镇已经发展成为旅游商业繁荣且成熟的旅游古镇；束河古镇的开发也有了规模，旅游商业、旅游地产的开发程度较大研古镇弱一些；白沙古镇及其周边的纳西村落属于保护性的开发，仍然保持了原有古镇的生态环境、村落风貌与生活方式。现主要对丽江发展较为成熟且商业业态较为完善的大研古镇进行分析。

大研古镇以四方街为核心，由东大街、新华街、七一街、五一街、广义街及众多分巷组成蛛网状的组织结构。大研古镇的商业业态主要以旅游商品经营、餐厅、酒吧、住宿客栈为主。其中，四方街以销售银器、乐器、手工艺品等旅游商品为主；东大街主要以提供基础服务为主；新华街主要以酒吧、客栈为主；七一街主要以提供餐饮服务为主，同时销售各种旅游商品。总体上大研古镇的各大商业街区内业态分布类型较为重复单一，没有形成各自的特色。大研古镇延续了纳西民族缓慢的生活方式，商业店铺保持着缓慢的运行模式。在大研古镇，餐饮业的核心商业模式是街边店、流动摊贩经营的地方特色餐饮，丽江的特色小吃如粑粑、灌肠、凉粉、黄豆面、吹猪肝、牦牛酸奶等随时随地出现在大众视野中。

丽江客栈作为中国旅游业的独特存在，俨然已成为一种文化现象，其核心体现为一种"在别处"的栖居文化。丽江是很多人心目中向往的"身心和灵魂的栖居之地"。客栈的发展也有其历史缘由，丽江自古以来就是滇藏茶马古道上的重镇，担负着连接内地与西藏民间商贸往来的重任，所以，这里除了是物质的集散地外，更是马帮重要的休整驿站。古城里的居民都竭尽全力地为这些远道而来的朋友提供各种便利，其中最基本的就是提供住宿。而来自五湖四海的马帮，也常常因籍贯不同，习惯性地聚集在不同的街巷里面。藏族马帮最喜欢落脚双善街（位于今新华街）；大理来的行商则喜欢住在一个叫"建洛阁"（今现文巷）的巷子里；而在仁街一带（今五一街）落脚的行商大多为四川马帮。时过境迁，如今丽江已有逾 6 000 家客栈，近七成由外地人经营，但是那些仍由当地人经营的客栈往往更受游客青睐。每一个客栈经营者的理念不同，表现出的主题亦不同。形形色色的客栈有古朴的、个性的、传统的、小资的、张扬的、内敛的，各具风格特色，配合古镇的景致与悠闲生活，耐人寻味。丽江客栈从名字、内外装饰、小院的布置、客栈的功能到服务项目等，已不只是为了满足寻常意义上的住宿了，而是文化气息浓厚的旅游综合服务设施，看书、交友、上网、咖啡、旅游、发呆、聊天、餐饮、摄影等不一而足。在丽江古城的客栈住宿，是一种别样的体验，住的是客栈，享受的是文化。丽江的客栈大多以民居院落式客栈为主，其主要分布于大研古镇的各条街道以及街道后的山体上。院落式的纳西木结构客栈是丽江当地最受欢迎的住宿接待设施，主要分布于大研古镇各个大小街巷。这些独特的客栈不仅能够提供传统的住宿服务，而且在里面亦可以品尝当地特色饮食，提供旅游出行资讯与服务、导游服务、租车等服务。住宿业受当地的旅游形式影响，季节性较强，旅游旺季与淡季的需求差异较大。

在休闲旅游活动项目方面，大研古镇迎合了核心消费者的消费习惯与心理，开发设计的休闲娱乐参与性旅游活动项目有酒吧一条街、锅庄舞表演、东巴许愿风铃、东巴宫民间艺术表演、纳西古乐会、古城马帮、篝火晚会、放河灯等项目。其中酒吧一条街是大研古镇最热闹、人气最高的商业街，滨水的古街上的餐酒吧是大研古镇最具特色的竞争力业态，集中供应午餐、晚餐并提供酒、咖啡、茶与歌舞表演。古镇的酒吧多利用当地原始的建筑风貌，临水而居，保留了原有的建筑形态与风貌，而内部却被赋予了新的功能，体现了新的风格与设计特色，这些酒吧共同构筑了大研古镇"艳遇"的文化空间。据调查，丽江古城的游客中，来自重庆、四川的游客有很多，而这两个地方的人们生活多重视休闲娱乐，享受夜生活的热闹畅快，从而也带动了古城酒吧一条街的不断发展与壮大。纳西民族是能歌善舞的民族，纳西民族的特色民俗活动也是吸引旅游消费者的重要一点，因此，大研古镇的四方街广场上开设了纳西民族自己的锅庄舞表演，这种路秀形式的广场表演吸引了不少游客驻足。此外，纳西民族的特色文化符号有水车、东巴文、纳西古乐等。根据这些特色文化资源，丽江地区还开发了东巴许愿风铃（风铃木牌上一面印有表吉祥如意的东巴象形文字）、东北巴东民间艺术团、大眼纳西古乐会等纳西民族文化特色旅游体验项目。根据丽江的历史沿革，四方街上开设了马帮队，招揽游客骑马游览丽江，感受茶马古道的氛围与意境，夜晚篝火晚会、放河灯、霓虹酒吧使得丽江弥漫着浪漫、梦幻的旅游气氛。

在旅游商品开发方面，丽江的沿街店铺以民族特色为基调，销售工艺品、银器、玉器、民族服饰、地方特产等。民族织物尤其是摩梭人纺织的披肩成为来到丽江的女性旅游者必买的单品，闪烁于游人肩上的披肩，点缀了丽江的街，艳丽了丽江的巷。此外，当地的土特产也是丽江旅游商品的一大特色，以普洱、滇红等茶叶为主的茶铺遍布于古城的巷角。

2. 丽江古城旅游开发对当地文化的影响

第一，积极影响。丽江古城的旅游开发采取的是维持古城空间格局、修建新城、居民外移的方式，因此丽江古城并没有因为旅游的发展而改变空间格局，较好地保留了茶马古道边陲小城的风貌。丽江古城的迷人之处不仅在于马蹄铜铃、小桥流水和错落古道，而且在于纳西族文化持久的吸引力，纳西族的民风民俗、日常生活、纳西歌舞、东巴文、纳西古乐、披星戴月服饰等都深深吸引着旅游者的目光。因此，丽江的旅游项目几乎都是结合东巴文化、当地民族特色来展开的，文化脉络贯穿于全部产品之中。例如，四方街上每日上演的纳西歌舞都会吸引不少游客驻足、参与；纳西古乐会更成为来丽江游玩者必听的节目；依托纳西民居而改造的餐厅、客栈、酒吧，不仅丰富了游客的旅游体验，而且让游客停留于丽江，以慢节奏、深体验的方式感受丽江的韵味。

首先，丽江旅游的开发让更多的人了解了纳西族文化。旅游开发中对东巴文字、披星戴月服饰、传统民居的应用不仅增强了旅游特色，更重要的是做到了对纳西文化的一种传承与弘扬，纳西古乐更是因丽江旅游的发展而得以传承。纳西人的传统生活方式、饮食、民居文化等以客栈、公共表演、旅游商品、旅游餐饮、旅游纪念品等商业业态形式得以展现，尤其是对丽江纳西民居功能的转换利用，如将纳西民居改造成为客栈、酒吧，促进了纳西民居的保存与延续，而且这种功能的改造为旅游者创造了深度体验的空间，丽江的慢时光、悠闲、艳丽、精致、独特都在停留的那一刻显现出来。

其次，丽江旅游的开发也使游客了解了史上有名的茶马古道、茶马贸易文化。在丽江古城旅游开发的过程中，古城并没有因为大量游客的涌入而大拆大改，青石板的窄巷里仿佛还弥漫着马帮人的身影与味道，马蹄声、铜铃调在街巷回荡，虽不见马帮，但是骑着马在古城里穿梭的身影随处可见。在丽江旅游开发过程中，开展了骑马游古城的活动项目，马队、驼铃营造出了浓浓的茶马古道风韵。街坊里弥漫的茶香让人忍不住驻足。这种方式不破坏、不改造城市原有风貌，并通过开展各种活动、运用灯光效果等方式为游客营造了独特的体验意境。

再次，丽江旅游的开发让大众了解了纳西文化、茶马岁月。游客的蜂拥而至让纳西族、摩梭人被大众熟知，纳西文化和摩梭文化被广泛关注、研究。因此，丽江旅游业的发展在很大程度上促进了丽江纳西文化的传播与发展，并使东巴文化得以延续。

总之，丽江古城的开发增加了当地的经济收入，促进了经济繁荣，带动了相关行业的发展，增加了政府税收，平衡了经济发展，缩小了地区差异。此外，古城的开发还增加了当地居民的就业机会，提高了当地居民的生活质量，增进了国际与地区之间的相互理解，更有助于纳西文化的保护与发展。同时还能够促进丽江居民生活环境的改善，利于丽江古城的维护以及修整，利于丽江基础设施的改善，也有利于丽江环境保护与绿化工作的重视和维护。

第二，消极影响。丽江的旅游发展无疑是成功的，当今丽江每年的游客接待量超过千万人次。但是丽江古城的旅游开发也存在一定的问题，对丽江古城原有文化形成了一些负面的影响。

首先，丽江空间格局、景观上看似细微的变化，实则对丽江的神韵有重要影响。1996年震后重建古城时，由于东大街靠近新城，为方便游客进入，政府将其路面拓宽至18米，使之成为进入古城的主通道和主要商业大道。虽然从功能上来看东大街满足了游客集散的需求，并且为旅游者提供银行、邮寄等基础服务，但是东大街的宽度与街面建筑高度之比已超过3：1，这不仅造成东大街失去了古城街道的尺度感，而且过宽的街道使得东大街上两侧的店铺盈利能力较差，游客大多只是经过观望，较少在店铺中停留。此外，丽江古城水体锐减。水是丽江古城的灵魂，街道依水而成，店铺临水而建，随着丽江游客的大量涌入，水的需求量骤增，加上丽江气候干旱，丽江古城的水越来越少。如若没有水，丽江则不成丽江，丽江水体的大面积缩减引人担忧。丽江纳西人原来都是用临屋的水洗衣、洗菜，现在，虽然原住民大量外迁，但是游客涌入，水污染严重，丽江的水正朝着污水的方向发展，如今已经看不到居民在临街洗衣、洗菜的身影。可见，旅游开发的确给纳西原住民的传统生活方式带来了影响，改变了纳西族原有的生活方式。

其次，过度商业化带来了较大的负面影响。丽江古城内的商业业态类型重复单一，旅游产品同质化现象严重。古城街道上几乎全是售卖各种纪念品的商铺，或是不同风格的餐厅、客栈，纳西文字和民族服饰等都已成为招徕品。原有的、传统的历史风貌和文化底蕴越来越淡，古城已经变成一座"真实建筑，虚假生活"的主题公园。由于片面地追求经济利益，当地的某些本该在特定时间、特定地点按照传统举行的活动已经被包装成文化商品，并根据旅游者的需要随时展开，失去了原有的意义，造成了纳西原著文化的庸俗化。传统文化异化、片面且疯狂开发的现状引人担忧，过浓的商业气息在一定程度上弱化了古城的历史感，繁茂的商业破坏了丽江的文化生态及文化原真性。未来，丽江古城如想实现良性发展，还有很长的路要走。

总之，丽江古城的开发带来的负面影响是：物价上涨；产业结构发生不利变化；不良的文化"示范效应"干扰丽江居民的生活；传统文化遭到不正当的开发；环境质量下降；生活空间缩小；当地的原始风貌遭到破坏；自然环境受到损害，生态环境也受到破坏。

（二）宋城千古情

1. 突出地域文化特色

《宋城千古情》充分挖掘和体现杭州文化，突出文化在旅游中的核心竞争力。一场成功的演出，需要市场反复打磨，以市场为演出导向，但不是为了迎合市场放弃文化，没有文化核心，最终也会失去市场。表现手段可以变，但文化核心不能变。《宋城千古情》总导演经常提醒创作团队，《宋城千古情》的灵魂是文化，只有文化才能吸引观众，触动心灵。

《宋城千古情》是以浓厚的地方特色和文化积淀，将游客所游览的景观与歌舞艺术相结合的产品，满足了当代游客对文化的渴望。《宋城千古情》融入众多的杭州历史典故、民间传说和西湖人文景观，每一个篇章都以多种表演艺术元素诠释了杭州的人文历史，展现了一个缠绵迷离的美丽传说、一段气贯长虹的悲壮故事、一场盛况空前的皇宫庆典、一派欢天喜地的繁荣景象。《宋城千古情》全场剧情大致可分为五个篇章："良渚之光""宋宫宴舞""金戈铁马""西子传说"和"魅力杭州"。

2. 混搭创新演艺方式

《宋城千古情》无论是从艺术形式、剧种、演出内容，还是从观赏效果、社会经济现象来看，都是艺术综合的表现。从艺术形式上来讲，它是集歌舞、杂技、影视特技、武术、模特走秀等于一体的混合艺术形式，并与高科技舞台美术相结合；从剧种上来讲，它是集舞蹈诗、歌舞剧、影视剧、实景剧于一体的混合剧种；从演出内容上来讲，它是集杭州历史文化、民间传说、世界民族歌舞文化于一体的舞台大戏；从演出观赏效果来讲，它体现了知识性、娱乐性和艺术性；从社会经济现象上来讲，它是旅游与文化相结合的经济共和体。不管它如何"混搭"，都是一个人人称赞的惊世之作，收获了无数好评。

3. 推出系列体验活动

《宋城千古情》运用高科技技术去营造演出剧场的舞台效果："金戈铁马"采用烟火和低压供电技术营造氛围,虚化出射向观众席的炮火；"水漫金山"利用水幕喷头来营造瀑布喷流的舞台；"梁祝化蝶"利用激光灯将观众带入了时光隧道。不仅如此,演出还采用了升降舞台、移动观众席、全彩激光灯等科技手段,来制造这场震撼的视听体验,让游客们回味无穷。每年如期上线的千古情,不断推陈出新,每一场表演都具有不一样的风味。

除此之外,为了增强趣味性,《宋城千古情》也利用高科技技术设计了一系列的高科技旅游体验项目,如活着的清明上河图、聊斋惊魂鬼屋、步步惊心鬼屋、人皮客栈听音室等,来满足各种旅游群体的需求。这些体验性活动项目,不仅增加了宋城的客流量,也在一定程度上增强了宋城的知名度和影响力。

4. 完善用人育人机制

宋城艺术团自聘专业的舞蹈、模特、杂技表演者等,并且在选人、育人、用人上实行优胜劣汰和可进可出的制度。每年都要对艺术团成员进行考核,考核成绩与奖金挂钩,并且实行末位淘汰制。同时,宋城集团与浙江大学等联合培养学员,以提高学员的艺术素质和对文化的理解程度。以必要的人才投资、有效的激励机制、包容性的文化环境,汇集创作和管理骨干,形成精英演出团队。这种完善的用人管理制度,有利于提升演员的综合素质,促进企业的可持续发展。

5. 存在问题

首先,演员的艺术素养和职业道德决定了演出的质量。出演《宋城千古情》的演员来自世界各地,他们的艺术素养和表演功底不同,同时表演方式和对文化的理解也各有不同,这对总体的表演有一定影响。有些演员可能无法成功诠释其所担任的角色,从而影响整体效果。这需要导演对演员细心斟酌,赋予其合适的角色,以便演员更好发挥,同时对其进行文化培训,让演员更深层次地了解杭州文化、宋城文化,从而更好地诠释每个角色。

其次,《宋城千古情》的演员中有一部分是实习生,其工作态度和专心程度也会影响《宋城千古情》的演出效果。有些实习生对角色随意应付,认为自己不会久待,没有压力,这样的思想需要工作人员进行正确的引导。比如,2006年年初,为了迎接世界休闲博览会的开幕,宋城集团招收了一批新的实习生,并派景区管理人员对其进行定期培训,从而提高员工综合水平。

再者,剧场工作人员的服务态度会影响人们对《宋城千古情》的评价,因此,剧场人员的服务水平会直接影响《宋城千古情》的发展。曾经有一个小孩问工作人员厕所在哪里，大多数工作人员只是告诉他方向，让其自己去找。这种做法体现出服务人员水平不高，对待小孩应给予更多的关注，必要时应该带领他去寻找要去的地方，应该体现服务人员对观众的负责与真诚。

还有，剧场管理条例规定在演出开始15分钟后是不允许迟到的观众进场的，似乎有些不近人情。虽然这是为了不影响其他观众的观看，不使观众对剧院的管理产生怀疑，但是从另一方面来讲，游客花钱来看演出，仅仅是因为迟到就没法观看，这也会影响公司的形象。因此，建议公司实施这种方案：如果游客迟到15分钟以上就算自动弃票，或者只能从后面进入剧场。在国内，一些知名的剧院管理都是很严格的，剧院的条例都很明确，如北京的保利剧院。宋城剧院应该向一些具有良好管理经验的剧院学习，更好地改善剧院管理。

第三节　文化与旅游融合发展的实现方式

一、旅游企业保障

（一）完善旅游法律法规政策体系

"依法治旅"作为指导旅游产业发展的原则之一，具有重要的现实意义。政府旅游部门及其相关部门必须制定与旅游产业发展有关的法规政策，以规范和约束旅游产业的发展，使与旅游产业可持续发展相关的行业得以规范化发展，如旅游市场管理、旅游景区管理、旅游资源开发管理等行业，使各项管理工作做到有法可依，在一定程度上有助于改变旅游产业在监督和管理上的无序状态，使旅游消费者、旅游从业者及其他各方的利益得到相关法律法规及制度的保障。此外，政府还应当继续改进和完善现有的与旅游产业发展有关的策略。然而要更好地适应现代旅游发展的要求，还需要进一步结合实际，进行政策体系创新。

（二）健全旅游行业协会自律机制

行业协会是一种在市场经济环境下形成的民间非营利性社会团体，其组成人员都是自愿加入的社会公民、法人或其他组织，其都有共同的利益追求，能够使企业间的联系更加紧密，也使政府与企业的沟通得以顺利进行。诚然，行业协会的成立有利于规范旅游产业的发展，而各行业协会必须自觉地遵循所建立的行业约定和规则，避免行业内部各企业间的利益冲突，提倡合理竞争，使各旅游行业都能在行业协会的监督协调下有序发展。行业协会应及时将旅游产业发展中遇到的问题及相应的解决策略反映给政府部门，使政府能及时有效地沟通协调与旅游企业、旅游从业人员间的关系，确保旅游产业的平稳发展。

（三）优化旅游产品结构

产品结构优化就是要求相关企业创新产品类型、完善产品功能，使产品能适应不同层次、不同品味以及不同功能的产品需求，构建以度假旅游、观光旅游及专项旅游为主的平衡协调发展格局。除此以外，还可以将专项旅游和度假旅游作为旅游产品开发的重心，在观光旅游产品中更多地融入文化旅游成分。未来，以生态、健康、可持续为主的综合性旅游必将蓬勃发展。因此，政府与企业应该从不同视角来加大旅游资源的宣传力度，对旅游线路进行优化和调整，使旅游内涵更加深厚，不断提升特有的旅游魅力，以吸引更多的游客前来观赏。同时，还应该借助产品设计、旅游功能以及文化特色的创新提升旅游产品的竞争力。

二、人才保障

（一）引进高水平旅游管理人才

旅游产业发展战略的顺利实施要求企业能引进更多高水平的专业化旅游管理人才，要求旅游管理人员能熟练掌握旅游产业发展的内在规律，将可持续发展观念融入旅游产业发展中来。旅游企业要不断提高旅游管理人才的福利待遇，以优惠的政策支持吸引更多的专业人才，其中包括部分境外旅游管理和技术人员，以委托培养和引进等方式构建旅游高级管理人才队伍，并同高等学府建立长期合作关系，设置旅游专业以满足旅游行业对于高级人才的市场需求，给予高等院校足够的教育经费支持，帮助高校培养更多的旅游管理专业人才，以更好地服务旅游产业。

（二）培训高素质旅游从业人员

不同类别的基层旅游从业人员同高水平的管理人才一样，对于旅游产业的发展起到重要的推动作用。对该类人员进行全面而系统的培训有助于提升旅游行业的整体素质。特别是服务于基层的旅游从业者，必须进行重点培训，可在区、县、市城区构建不同层次的培训基地以形成系统的培训体系。此外，必须投入更多的资金以帮助各层次旅游院校培养更多专业性的基层旅游从业人员，以提高基层旅游从业人员的整体素质，使其能走向国际旅游市场，满足旅游行业对于基层旅游从业人员的需求。

第二章　旅游演艺概述

本章的主要内容是旅游演艺概述，主要从旅游演艺的概念、旅游演艺的发展进程和基于文化元素运用的旅游演艺分类三个大方面进行探究，期待能加深读者对旅游演艺的理解。

第一节　旅游演艺的概念

一、概念解析

（一）旅游演艺的概念

文艺演出由最初的大大小小的演艺剧场到公园演艺再到景区景点的文艺演出，逐渐地发展成了现在具有完备体系的旅游演艺产业。目前，旅游演艺产业在业内被称为"榜样"，因为在这方面的发展进行得十分迅速。由于各个地区之间的文化不同，他们对演艺事业的叫法也各不相同，但是总体所要表达的内容是统一的。有很多专家从专业的角度，对旅游演艺这个词做过具体的分析。例如，王晓云认为旅游演艺可以分为好多种，其中还包括都市型艺术，都市型艺术就是在大城市举办的用于娱乐休闲的特色文化活动，供广大人民群众消遣。而这一部分的表演形式，大部分与音乐、舞蹈相关，其中掺杂着戏曲的元素，是以公演的形式呈现在大众面前的。从公演的角度来分析，这种表演既可以由国外引进，也可以由本土的表演自由发展而成。它可以在城市中的闹市区进行，也可以在郊区进行演出，场地不限。因此，都市型艺术主要包括演出者、观众和演出场所等几种元素。由此可以看出，都市型艺术和旅游演艺也是有明显的区别的（见表2-1）。

表 2-1 都市型艺术与旅游演艺内涵比较

项目	都市型艺术	旅游型演艺（旅游演艺）
客源市场	当地居民＋旅游者	旅游者为主
活动定位	城市文化活动	旅游文化活动
演艺主题	多元文化	地域文化
演艺地点	覆盖中心城区众多剧场	旅游景区广场专用剧场
演艺节目	丰富多样	单一剧目
观众选择性	选择度大，非旅游必选项目	选择度小，编入旅游行程
演出周期	单体剧目、演出周期短、各类演出遍布全年	单体剧目、演出周期长、一台演出、一日多场
旅游吸引力	可成为独立旅游产品，直接诱发旅游动机	基本上是从属旅游景区的旅游产品
辐射影响力	国内外广泛交流，输出、引进并举	大多数演出被固定在旅游景区
资源依托	丰富，城市经济、文化、社会资源	单一，旅游资源为主

都市型艺术与旅游演艺相比在某些方面仍不完善，表 2-1 基本上概括出了旅游演艺的主要内涵，可以帮助读者了解旅游演艺的概念。各学者对旅游演艺的概念定义如下（见表 2-2）。

表 2-2 旅游演艺相关概念

作者	年份	相关概念
张永安、苏黎	2003	主题公园文艺表演，是指在主题公园内开展的，一系列由专业演员参与演出的，围绕一定主题的艺术表演形式。其中文艺表演展现了景区的主题，使游客在艺术享受中对景区文化有进一步认识，提高自己的体验质量
诸葛艺婷、崔凤军	2005	旅游演出对于旅游业来说是一种旅游产品，是依托当地旅游资源、运用表演艺术的形式来表现目的地形象的精神服务产品；对于演出业来说它是在演出产业整体体制改革的大环境下走入旅游市场的一种形式，是演出策划人组织演出在演出场所将节目表演给观众（主要是游客）欣赏的过程
陈铭杰	2005	旅游景区的演艺活动是从游客利益出发，反映景区主题和定位。注重体验和参与的形式多样的具有商业性质的表演和活动
李蕾蕾、张晗等	2005	以吸引游客观看和参与为意图、在主题公园和旅游景区现场上演的各种表演、节目、仪式、观赏性活动等，统称为旅游表演

作者	年份	相关概念
李幼常	2007	旅游演艺为在旅游景区现场进行的各种表演活动以及在旅游地其他演出场所内进行的，以表现该地区历史文化或民俗风情为主要内容，且以旅游者为主要欣赏者的表演、演出活动
罗颖	2009	旅游演出主要是在一些著名的景区进行的各种表演活动，以及在旅游地其他场所进行的、以表现当地历史文化或民俗风情为主的、以旅游者为主要欣赏对象的表演
汪克会	2010	旅游演艺产品是在旅游景区现场进行的各种表演活动，以及在旅游地其他演出场所内进行的、以表现该地区历史文化或民俗风情为主要内容，且以旅游者为主要欣赏者的表演、演出活动
刘艳兰	2010	在旅游景区现场进行的各种表演活动，以及在旅游地其他场所内进行的、以表现该地区历史文化或民俗风情为主要内容，且以旅游者为主要者的表演、演出活动统称为旅游演艺
裴钰	2012	从产品角度来讲旅游演艺应分为六个部分：第一，地域性的文艺演出；第二，相匹配的多功能综合型娱乐剧场（剧院）；第三，以演出为核心产品之一的主题公园，为项目收益的保障点；第四，项目周边的旅游休闲综合配套区，这是产业链延伸部分，属于营销和推广部分；第五，围绕旅游演艺项目构建历史文明的话语体系；第六，产权质押和股权交易，此为最关键的融资和流转部分
杨卫武、徐薛艳、刘姬	2013	旅游演艺是以异地观众为主要对象的艺术表演活动。这种艺术表演在大多数情况下以表现该地区的地脉、人脉、文脉为主要内容，以"异地观众"为主要客源
李锋、李萌	2013	狭义地说，旅游演艺就是针对旅游市场所开展的、不同于通常的文艺表演形式。它体现了旅游目的地的特色文化，凸显了文化在旅游中的核心竞争力

注：为了更好地对比不同专家的观点，本表并不限定那些直接以"旅游演艺"为称谓的旅游演艺概念，而是把相关概念都列出。

如表 2-2 所示，每个人对于旅游演艺产业的认知都是不同的，而对于专门研究这方面的专家来说，每个专家对自己的研究也有独特的认知。通过研究各个专家对旅游演艺产业的分析，我们可以总结出以下几个共同点。第一点就是很多旅游演艺项目是在相对应的旅游景点内来拉拢客人的，他们的演出范围十分有限，而且流动性不强，主要是在大型的旅游景点周边。第二点是大多旅游演艺项目所表演的内容大部分都与当地的民族风情有关，他们的表演内容中包含着很浓厚的乡土气息以及民族特色气息。第三点就是旅游演艺产业面对的目标人群主要是来自全国各地的游客，很少有当地人前来观看。剧场的目的主要是为了延长游客在景区内的停留时间，以便形成一个完备的产业链。第四点就是旅游演艺产业中所包含的表演内容十分广泛，其在宣传民族风情的同时也融入了很多的流行文化元素，是旅游文化与表演文化的完美结合。

（二）旅游演艺的界定

如表 2-2 所示，通过分析旅游演艺的各相关概念，本书将旅游演艺定义如下：旅游演艺是在旅游产业和演出产业融合的大背景下，以游客为主要观众，以地区文化为主要表现内容，立足于旅游城市、景点内或附近，对本地旅游业发展产生积极影响的大型活动。旅游演艺应具有独立剧场、单独售票、定期公演、企业化运营等特点。旅游演艺的概念需要从以下几个方面进行理解。

（1）旅游演艺产业是基于广大人民群众的旅游行为而产生的。它跟旅行景点之间是互补的、相辅相成的。而且，旅游演艺产业的发展必须依托当地的民族特色以及旅游景点。因此，旅游演艺产业的发展跟当地景区的发展关系十分密切。同时，旅游演艺产业对整体旅游产业链的带动性也非常强。

（2）旅游演艺产业发展至今，其规模有目共睹。在整个演出过程中，从公演到演员再到剧场的规模，都算是比较大的。每一场的表演中都分为很多个场景，以及在不同场景下发生的故事，在不同的故事下，主人公是怎样的心情。在这样特定的演出中，演员一般都要在 30 人以上。公演的时间大部分也在两个小时左右，不仅不会使观众感到疲劳，而且在有限的时间内能够做到使观众心潮澎湃。其中有一部分景点采用了"迷你秀"的形式，它不属于我们想要表达的旅游演艺范围，如清明上河园中的梁山好汉劫法场以及欢乐谷中的滑稽演员进行的表演等。这种演出只是为了吸引游客而举办的，它们不算是旅游产业链中的一分子，更不会像旅游演艺产业一样带动更多的游客前来游玩。

（3）旅游演艺的发展是非常稳定的，每年都有固定的时间来进行演出。工作人员只在固定的时间进行表演，再去除恶劣天气下不得不中断演出的情况，所以说从事旅游演艺文化事业的工作人员的收入非常稳定。

（4）政府对旅游演艺产业的发展提出了良好的建议。旅游演艺应该有固定的演出场所或者演出剧场，而不是在野外临时打扫或者是临时搭建的室内影棚内。而且，在没有特殊情况下，演出场地尽量不要随意地频繁进行更换。旅游演艺与其他的公演不同，其他的公演有巡回演出，范围辐射到了全国或者全世界这样的团队，走到任何一个地区都是短暂性地停留，他们的演出场所是流动的。因此，他们在全国乃至世界的任何一个地方都很难造成持久的影响力，这对他们的表演十分不利。

（三）空间扩散

空间扩散是多个学科都在进行的研究，不仅是地理学，而且文化学也在进行研究。其中，地理学探究的是在一个封闭空间内文化的扩散情况，即固定的地区文化之间是如何传递的，或者是文化之间是如何进行交流的。一般情况下，新兴技术的崛起都会对空间的发展产生影响，也就是说新知识对每个地区来说都是非常重要的，因为它的应用可以改变现状，而且如果发展势头好更会产生辐射效应，向周边地区进行扩散。许学强认为空间扩散的现象是非常普遍的，它的流动是从文化源辐射到其他周边地区的整个过程，文化在各个地区之间的扩散被称为"文化扩散"。赵龙认为文化扩散是以时间为尺度的，随着时间的流逝，文化会向周边进行扩散。赵县红认为文化扩散是由游客的行为来推动的，因为游客来自五湖四海，他们在游玩结束后会回到自己的家乡，由此一来就形成了文化在空间扩散的情况。

笔者认为文化空间扩散是靠媒体的传导作用进行的，并不是说全部都是由媒体传播的，而是大部分游客到来后都会用手机或者相机等拍照，然后公布在网上分享自己的奇闻趣事。一个地方当地的文化在这样的传播过程中就进行了扩散，随着时间的推移以及距离的增长，文化扩散的效果也逐渐明显。而且旅游演艺产业的发展依靠的是品牌的力量以及企业的力量，在政府良好政策的推动下，大量的媒体以及中间媒介的应用，使得一个旅游景点升华成为一个大的品牌。

二、国内旅游演艺发展概况

在学术界的讨论中，很多学者一致认为，应该把我国的旅游事业发展分为四个主要的阶段，具体包括发展初期、起步阶段、发展阶段以及扩展阶段。发展初期的大概时间段为清朝末期到 1966 年，起步阶段是从 1967 至改革开放前后，发展阶段是从改革开放前后至 20 世纪结束，扩展阶段是从 21 世纪初至今。到今年，"旅游演艺产业"这个词对于大家来说已经不陌生了，而且旅游表演、旅游演艺的频繁出现，也改变了大家对旅游产业链的认识。

改革开放以后，我国的旅游事业开始迅速发展，以西安地区为例，首先当地创造出了多种元素结合的舞台表演，打开了中国旅游演艺产业发展的大门。西安首先运用了歌曲、舞蹈诗歌相互结合的表演形式，迈出了具有划时代意义的一步。而在发展初期，西安的演艺事业经常作为中国文化的代表，在国家领导人相互见面时他们的团队也经常进行演出。可以说，西安创立的旅游演艺产业为未来的旅游演艺发展奠定了良好的基础。在 20 世纪 90 年代初期，由于四大名著的电视剧爆火，《三国演义》的故事也逐渐深入人心，其中的剧情也是深受广大人民群众喜爱，于是无锡针对这种情况推出了《刘备招亲》《空城计》《三英战吕布》这一类的演艺节目，受到了大量游客的赞赏。到90年代中期，深圳也开始投入大量的精力，创办了很多的歌舞类节目，在当时也是非常出名的，后来浙江杭州成立了宋城千古情舞台剧场，引起了不小的轰动。2004年，张艺谋导演的团队开始打造《印象·刘三姐》，在桂林的阳朔上演《印象·刘三姐》，开创了实景表演的先河。该表演以大自然真实存在的山和水为演出背景，将观众席设立在大自然中，众多的表演者在大自然的舞台下进行演出，吸引了众多的游客。可以说，《印象·刘三姐》是一项大投资、大制作的产品，其每年的演出利润已经达到了1亿元，在我国的旅游演艺产业发展中处于领跑地位。而根据国家旅游局的统计，《印象·刘三姐》的表演已经进入了扩张期，他们的利润以及影响力正在不断扩大，全国有300多个知名旅行景点已经设立了专门的旅游演艺场地，总投资超过7 000万元。而且，每个旅游事业的演出都是跟当地的民族风情相互联系的。

（一）综艺类旅游演艺

旅游演艺产业也包括娱乐型观光艺术，这一类艺术形式主要是主题公园。广大游客既可以在主题公园中唱歌也可以跳舞。最近几年广场舞的兴起速度十分迅速，其受众群体主要为五十岁以上年龄的女性，她们经常是在公园或者广场上放一个蓝牙音响，在背景音乐的带动下摆动自己的身体，使自己沉浸在歌曲中，广场舞不仅有利于身心的放松，对自己的身体健康也是十分有利的。比如，深圳的世界之窗是广场舞旅游表演艺术的代表，这种节目以现代化的视听技术为基础，在精妙绝伦的舞台下进行表演。再如，中华百亿盛会巡游演出，这样的演出一般都在旅游广场进行。常见的题材也有很多，比如说我们古代流传的神话故事以及西方的童话故事。

（二）剧院类旅游演艺

这类旅游演艺项目以杭州的《宋城千古情》和昆明的《云南映象》为代表。剧场是传统的公共演出方式，由于空间比舞台旅游的真实演出要小，为了达到梦幻状态和强烈的视觉效果，戏剧班主要从事舞蹈美的设计，在多媒体视听技术上投入巨额。杭州松城剧院投资200万元引进了美国"梦色"激光系列全彩激光设备，利用激光进行表演。还引进了美国室内水幕喷头，每平方米4万个点的水密度，在剧场里形成了一片云雾缭绕的景象。为了获得优美的写实效果，还投资200万元，引进了世界上最先进的电脑灯，以传统的大面积扩散、高亮度的灯光配置模式，制造出一种强调重点、虚拟化、触发氛围的效果，除了效果更高的灯光外，剧场还有30多行筒灯，总工作转速700千瓦。随着剧情的变化，灯光效果如魔法般强烈，最具创意的阶段采用了最先进的百米旋转屏幕设置，不仅能够改变场景，同时也能增加景观效果的流动性。张家界旅游区的《张家界·魅力湘西》属于戏剧旅游表演。为满足游客需求，该旅游区的运营者新建了一座引人入胜的湘西大剧院，占地31.22亩，拥有2 800个座位，灯光、音响、机械设备总投资1.2亿元。经过几年的发展，《张家界·魅力湘西》已实现全面转型，在原有的基础上，投入近500万元，对舞台、灯光、音响等进行了改造。虽然目前文艺旅游演出的人数低于与园区有关的实际布景和旅游演出的人数，但对公共演出的自然环境没有特殊要求，因此除了在旅游景点的剧场演出外，戏院的旅游演出也可在旅游景点外的戏院进行。除内部演出外，云南电影还曾在巴西、阿根廷、巴西等地演出，引人入胜的《追爱相思楼》不仅在张家界的湘西剧场上演，同时也登上了央视春晚的舞台，旅游景区外的演出显著提高了旅游服务的知名度和影响力，为当地的旅游业发展带来了良好的社会效益和经济效益。

（三）实景类旅游演艺

在旅游演艺产业中，有一个受到全世界瞩目以及赞赏的项目，就是张艺谋导演执导的《印象·刘三姐》。其以庞大的规模以及营造的演出范围和对观众形成的冲击力而著名，它打破了很多传统的东西，融入了众多的现代化元素，在保留传统文化的同时与现代文化进行了很好的结合。整个演出场地的规模是非常巨大的，以周边的山水为背景，观众坐在这些背景前面欣赏着人与自然的魅力。实景类旅游演艺产业的出现，代表着一个新概念的诞生。在《印象·刘三姐》表演中有600多名参演者，这600多名参演者，主要活动在1.6平方公里的水域中，这些水域周边还有12座山峰，在一些知名艺术家的指导下，他们完成了一场场的完美演出，给观众留下了极为深刻的印象。继《印象·刘三姐》的爆火之后，全国各地陆续进行效仿，比如《印象·西湖》也是实景旅游表演，同样将大自然作为舞台背景进行演出。

以上三种类型在我国的旅游演艺产业发展中是比较常见的，还有一种是宴会型的舞蹈表演，其主要在游客吃饭时进行，它也属于一种舞蹈类的观光艺术，而且在国家领导人会面时，同样也会看类似这样的演出。这类表演主要是以我国少数民族地区的民族风情为主题，能够让游客与外国友人充分感受我国的独特的民俗文化（见表2-3）。

表 2-3　我国几种主要旅游演艺类型情况一览

项目名称	演出地点	类型	公演时间	文化元素	资金投入及效益
《宋城千古情》	杭州宋城	室内立体全景式大型歌舞	1996 年	杭州的历史典故、神话传说	初始投入 0.6 亿元；近年年创收 2 亿多元
《印象·刘三姐》	桂林阳朔	大型山水实景演出	2004 年 3 月	刘三姐的经典山歌、广西少数民族风情、漓江渔火	投入 3.2 亿元；至 2007 年 6 月底，共接待游客 194 万人次，门票收入 1.8 亿元
《丽水金沙》	丽江	旅游歌舞晚会	2002 年 5 月	独特高原民族文化现象、亘古绝丽的古纳西王国的文化宝藏	从 2002 年 5 月至 2008 年 8 月，投入 0.11 亿元；总收入 2.6 亿元
《云南映象》	昆明	大型原生态歌舞集	2003 年 8 月	云南的原生态文化和民族文化	投入 0.07 亿元；已在国内外演出 1 000 余场，观众达 100 万余人次
《仿唐乐舞》	西安唐乐宫	仿古乐舞	1982 年	展示 1 300 多年前的唐朝宫廷生活片段及社会习俗	历经 27 年长演不衰，先后多次出访世界 40 多个国家
《吉鑫宴舞》	昆明世博吉鑫园	歌舞宴	1999 年	展现了具有三千年历史的西南歌舞艺术及云南美食文化	投入 0.2 亿元；旅游旺季日营业额近 15 万元
《禅宗少林·音乐大典》	登封市待仙沟	大型实景音乐剧	2007 年 4 月	突出禅宗与少林两大主题	投入 1.15 亿；当当年门票收入 1 500 万元
《创世纪》	深圳世界之窗	广场全景式大型史诗音乐舞蹈	1998 年	展示了人类文明发展的壮阔历程	共演出 2 039 场，观众达 600 万人次

三、国内旅游演艺发展的特点

事实证明，旅游演艺产业的发展促进了整个旅游市场的发展。旅游演艺产业的发源地是西安，西安在最初设立这种剧团的时候，主要目的是为国家政府进行服务。每当有其他国家的元首到访中国时，剧团都会配合党中央进行中国文化的传输。因此，它最初的目标观众并不是游客，它也不算在旅游演艺产业中进行发展的一种商业体系，但是它开创了旅游演艺产业的先河，为接下来全国各地旅游事业的发展奠定了一个良好的基础。从它以后，全国各地各大著名的旅游景点纷纷推出了自己独有的旅游演艺剧场，这些演艺剧场的文化氛围十分浓厚，同样，它们对旅游景点的依赖性非常强，它们吸引的观众全部都是在附近旅游景点观光的游客。因此旅游演艺产业与旅游市场之间就形成了一个锁链。这条锁链促使它们两者之间相互进步，相辅相成。国内旅游演艺产业的发展具有如下四个特点：

（一）速度快、规模大

从中国旅游演艺产业的发展规模来看，发展巅峰时期是由《宋城千古情》带动的。即使西安是第一个创立这种演艺形式的城市，但是它的发展有具体的路线，与各个景点之间的发展路线是不同的。20世纪90年代《宋城千古情》的创立，拉开了旅游演艺产业的序幕。自此，全国各地开始涌现出类似的表演形式，整体的旅游演艺产业开始蓬勃发展。《印象·刘三姐》的诞生更是为这样的进程安装了一个加速器。在此期间，据不完全统计，中国旅游演艺产业的数量已经达到了200多个。而且投资都非常巨大，每天的上座率也很高。在第一届中国旅游演艺文化高峰论坛上，政府相关领导就表示国内的旅游演艺产业已经发展到了200多个，近年来都在持续增长，之所以发展速度如此之快，是因为中国的特色文化众多，而且文化氛围在全国各个角落都十分浓厚。

（二）大投入、大制作

现阶段的旅游演艺产业的发展投入是非常巨大的，上千万元甚至上亿元都是非常普遍的情况了。有好多大型的演出不仅由著名的导演指导，而且集合了众多的表演艺术家以及艺术指导来共同谋划。其中包括张艺谋、冯小刚以及陈凯歌这样的大导演，也跻身到了旅游文化演艺事业之中。以张艺谋导演的《印象·刘三姐》为例，其投资高达3.5亿元，整个舞台布置在丽江之上，并以周边的山峰作为背景，总占地面积非常大，得天独厚的条件吸引了众多的观众。

（三）演出模式种类多

经过多年的发展，传统的古典艺术也紧跟着时代的潮流，做出了一系列的改革。在以前，其主要的演出形式是戏曲，而在现代化的表演中，其很好地融入了舞蹈以及魔术、杂技等众多的元素。《印象·刘三姐》的主题主要还是以戏剧为主，宣传当地的民族特色。《宋城千古情》则更加现代化，演出形式也更容易被年轻人接受。

（四）市场广、潜力大

旅游演艺产业的发展需要巨大的投资以及巨大的市场，"明知山有虎，偏向虎山行"是中国古代就流传下来的美好精神。因此，即便旅游演艺产业的发展具有很多的先决条件，但是它的市场与潜力也受到了人们的广泛认可，在投资的同时，我们能看到它的回报潜力是非常巨大的。旅游景点大部分都是自然的风光，这是一个得天独厚的条件，大自然就原原本本地摆在那里，不会动也不会进行大的更改，因此总能吸引众多的游客前来玩耍，在旅游景点的带动下，旅游演艺产业的发展无疑是前途光明的。游客在观赏大自然风光的同时，很难了解少数民族的风俗习惯与独特的民族色彩，而在观看演出的过程中，可以很好地弥补这样的遗憾。旅游演艺产业的发展市场是非常巨大的，因为旅游景点经久不衰，而旅游演艺产业与旅游景点之间是相辅相成、相互促进的，因此发展潜力也是非常广阔的。

四、国内旅游演艺积累的成功经验

（一）推动双向产业发展

20世纪90年代，随着电视机、计算机等新科技产品的出现，传统戏剧表演业的发展进入了严冬期，中小剧场纷纷关门。传统的戏剧节目艺术性很强，主要面向高素质的文化观众，受众人群非常少，剧场无法生存，为了改变自身的处境，剧院的一部分工作人员把公共舞台搬到了旅游目的地，表演的节目也符合当地游客的口味，最终使得戏剧表演业在旅游艺术中得以发展，旅游业也走上了文化产业化的道路。中国旅游业发展迅速，但随着文化素质的提高，人们对文化的需求越来越强烈，传统的旅游只是看山，这种旅游很难满足现代游客的需求。而当前的演艺已经进入旅游目的地，以风景文化为素材，可以为游客提供高品质的"文化饮食"，以弥补传统旅游的不足。

（二）更好地为旅游服务

实际上，旅游演艺就是旅游区的文艺表演。旅游演艺产业的发展离不开旅游景点，因此，旅游演艺是围绕旅游目的地展开的。《印象·刘三姐》在丽江1.654平方公里、12座名峰的舞台上展开，旅游表演紧密联系当地旅游景点的文化主题，迎合游客的表演需求。在现代旅游演艺的竞争中，其由于高水平的目标定位和艺术表现，已发展成为国内一些艺术类旅游节目争相打造的经典文化品牌。《印象·刘三姐》已成为国内外游客游览桂林阳朔的必看景点，更有一部分游客仅仅看了《印象·刘三姐》后就选择去阳朔旅行。

（三）加快推进产业化、市场化

所谓"产业化"，是指将具有相同属性的企业或组织集中起来，使其达到社会认可的规模程度，从量的集合中完成质的急剧变化，真正以国民经济中的一定基准来区分的重要构成部分。旅游业走上了文化产业化的道路，不仅促进了旅游目的地的经济发展，也促进了当地居民的收入增长，同时也增强了旅游区的文化影响力，对景区文化的传承、创新和发展起到了积极的作用。市场化经营模式是市场需求驱动的一种创收方式。它缓解了传统剧场里的尴尬，为旅游服务的健康发展提供了良好的生存环境，创造了与公众需求相适应的文化节目，市场化运作模式已成为服务业发展的动力。例如，张家界全景点旅游服务的成功就与成功的市场运作方式密不可分。这样的模型经过了三个发展阶段：第一阶段是企业创业初期，是"民间文化投资家＋专业剧团"模式，其特征是投资主体的多元化、利益共享、风险共同负担；第二阶段是企业的快速成长期，是"民间投资者＋专业剧团＋旅行社"的运营模式；第三阶段是企业逐渐进入成熟期，是"民间投资者＋专业剧团＋旅行社＋名人"的运营模式。

（四）运用高科技硬件

纵观国内著名的旅游演艺节目，美丽的幻想境界是旅游演艺的共性，舞美的视觉效果能够直接影响演艺节目的质量。因此，剧场类的观光艺术、实景类的观光艺术以及其他类型的观光艺术，都在舞美效果上下了很大的功夫。舞台的造型、照明、音响效果、LED 电子屏幕等都利用了现代的多媒体技术，将音响光电的影响力发挥到了极致。

（五）发挥文化资源优势

独有的民族文化资源不仅增强了传统旅游景点的吸引力，也丰富了旅游服务的文化意识。旅游服务对独有的地域性、大众性、地方性文化资源进行了深度挖掘，用原始的艺术思维再现艺术。例如，《印象·刘三姐》就是以刘三姐的经典流行歌曲为基础，《丽水金沙》取材于具有独特高原民族文化的古纳西王国的文化宝藏，《云南映象》取材于云南的原生态文化和民族文化，《宋城千古情》取材于杭州的历史典故和神话故事。

（六）推陈出新、艺术升级

在全国推行旅游服务的同时，各景区的运营者还可以通过不同渠道，向不同身份、不同文化阶层的公众征求意见，根据这些意见进行修改或是创设新的文化艺术项目，这将给艺术注入新鲜的血液和活力。在硬件方面，运营者可以通过改善表演艺术的设备来保证表演艺术的状态。2008 年，宋城旅游区总经理邱晓军表示，作为杭州文化创意产业的典范，《宋城千古情》点亮了 12 年，改变了 12 年，从最初的户外演出到现在的室内大剧院歌舞，从简单的设备到一流的家庭影院结构，《宋城千古情》试图改变形式、内容、舞蹈、美感、灯光、布景和表演技巧，每年《宋城千古情》都有新的内容。观众的移动座椅、炫酷的灯光、全彩激光灯、进口音响设备、超大视屏等，使《宋城千古情》的视听效果日趋完美，新的布局思路不断涌现。

第二节　旅游演艺历史概览及现代项目

儒道两家在旅游观上虽然各有异同，但并不是绝对的对立。在 2 000 多年的发展历程中，两家互相渗透、互相弥合，在旅游观上，逐渐走到相通的道路上来。儒道两家都认为，旅游是一种自觉的文化活动，是人类生活不可或缺的组成部分。汉代时人们就认为旅游可以"养性"和"致知"。在枚乘的《七发》里，吴客向楚太子陈述了七种强身养性的灵丹妙药，其中有三种都属于"浮游观览"之事：一是登高览胜，可以"原本山川，极命草木，比物属事"；二是驰骋游猎，可以"动心惊耳"；三是曲江观涛，可以"澡概胸中，洒练五藏""分决狐疑，发皇耳目"。旅游可以致知，这也是秦汉时期的旅游观。班彪《冀州赋》中的"历九土而观风，亦哲人之所娱"，说的就是这个意思。东汉后期，政治黑暗，官场污秽，一些正直的人士为了洁身自好，不愿做官，隐居山林，逍遥一世之上。另外还有一些人把旅游看作弃时厌世、麻醉人生的一种方式："生年不满百，常怀千岁忧。昼短苦夜长，何不秉烛游？为乐当及时，何能持来兹？"

到了明代，人们对旅游的本质有了更进一步的认识，认为旅游最基本的目的是满足人感官上的快感，它的本质是人的生命机能的客观表现。明人王思任就指出，人是"大天大地大山大水所托以垣不朽者也"。"至于鸟性之悦山光，人心之空泽影，此即彼我共在不相告语者。"天地山水之所以永恒不朽，就在于有人能够欣赏它。百鸟因山林风光而快乐自在，人心也因湖光泽影而空灵透彻，此即"物我相处、精神默契"的结果，非语言所能表达。这些强调了旅游是一种文化活动，是一种审美实践，而人则是审美的主体，离开了人，再好的自然风光也毫无意义。山水因人而名，山水因人而胜，因而强调山水名胜的人文因素。明人王思任说："山川之须眉，人朗之也；其姓氏，人贵之也；运命，人道之也。滁阳诸山，视吾家岩壑不啻数坡坨耳。有欧（阳修）、苏（轼）二老人足目其间，遂与海内争千古，岂非人哉。"他明确指出，人文事迹是山水的魂魄，是自然的精华，是名胜之所以为名胜的内在原因。

一、我国古代的旅游形式

（一）秦汉时期的旅游

秦汉时期最重要的旅游活动有帝王的巡游、西域"凿空之行"、游学与游宦。

秦始皇统一中国以后，曾 5 次巡游全国，他的巡游既有军事考察，又有政治权威的宣扬，也有游玩观光的目的。他每一次巡游都要在所游之地刻石记功，以宣扬王朝的声威、功德。为了巡游之便，秦始皇大修驰道、直道、五尺道等各种类型的道路。

汉武帝也是一位非常喜欢巡游的皇帝。在他 50 余年的统治时期共有 30 次巡游活动。汉武帝的巡游兴师动众、耗费巨资、劳民伤财。但它对于加强中央集权、交流经济文化，特别是对于发展交通旅行、开拓名山大川，具有深远的意义。

西域"凿空之行"是我国历史上一次辉煌壮丽的旅游活动。公元前 139 年，张骞奉汉武帝之命出使西域的大月氏，联合大月氏，共同打击匈奴。张骞的西域之行长达 13 年之久，史学家司马迁称之为"凿空之行"。后来，张骞又再一次出使西域大宛、康居、大月氏、大夏和安息各国，加强了汉朝与西域各国的联系，开拓了后来被西方人所盛赞的"丝绸之路"。这条"丝绸之路"一直是古代连接欧亚的文化纽带，把两大文明紧密地联系在一起。

汉武帝罢黜百家之后，大力兴办学校，发展文化教育事业，汉代的学校遍及全国。有志于求学的人不远千里到京师游学，一些著名经师的私学也吸引着莘莘学子长途跋涉，著录其门下。与游学相联系的是游宦。西汉前期的诸侯王大都广招四方游士，如梁孝王"招揽四方豪杰，自山以东游说之士莫不毕至"；淮南王刘安也"招致宾客方术之士数千人"。汉武帝时期，朝廷鼓励平民上书言事，广开仕途，"征天下举方正贤良文学材力之士，待以不次之位"。大批人才络绎不绝来到京师，他们或毛遂自荐，或广交朋友、拜谒权贵，就是为了能够借力晋升。

（二）唐代的旅游

鉴于隋朝亡国的教训，帝王、宫廷的巡游不再是唐朝旅游的主体，代之而起的是以文人为主体的旅游，主要有观赏田园风光和自然景物的山水田园旅游、投笔从戎的边塞之游和喝酒纵歌的全国漫游。唐代的山水田园旅游虽然继承了六朝文人的山水玄游，但其志趣又有不同。六朝的玄游山水主要追求的是出世的情怀，而唐代的田园山水旅游却把审美的对象放在自然景物和闲情适怡的田园生活本身。在这一主题的旅游活动中涌现出了一大批文人及其诗篇，形成了唐代最重要的流派——以孟浩然和王维为代表的山水田园诗派。

唐代另一个重要的旅游活动是投笔从戎、出征边塞、保家卫国的军旅之游，与之紧密联系的是边塞诗派，其已成为与山水田园诗派风格迥异的另一著名流派。唐代的边塞主要是在北方和西北方。特别是西北地区，那里人烟稀少、风俗迥异、山河雄浑、景观奇特，这种与内地完全不同的风光和民俗激起了从军文人的浓厚兴趣，他们以浓墨重彩的诗笔书写了边塞雄浑的风光，其主要的代表人物是岑参和高适。

特别是在盛唐时期，国家统一，政治稳定，经济发达，文化繁荣，人民生活较富足，为旅游活动提供了广阔的社会条件。杜甫的《忆昔》中写道："忆昔开元全盛日，小邑犹藏万家室。稻米流脂粟米白，公私仓廪俱丰实。九州道路无豺虎，远行不劳吉日出。齐纨鲁缟车班班，男耕女桑不相失。"在这样的社会背景下，文人为着各自不同的目的在全国漫游：他们或是由于科场失意，功名受挫；或是不愿走皓首穷经的科举之路，寻终南捷径；或是寄情于山水之中。而他们的漫游都显得无拘无束，多姿多彩，豪爽而浪漫。

唐代也是佛教在中国发展的顶峰时期，僧侣众多，佛教徒的宗教旅游活动也非常兴盛。特别是南禅宗兴起以后，他们追求恬淡、闲适、空灵的境界，在士林中掀起了一股禅悦之风。唐代到印度求法的僧人很多，他们中间最杰出的代表就是玄奘。贞观三年，玄奘从长安出发，历经艰辛万苦到达印度佛教中心那烂陀寺。玄奘拜住持戒贤为师，后升至该寺副主讲。玄奘在贞观十九年回到长安，共带回佛舍利 150 粒、佛像 7 尊、经论 657 部。他所著的十二卷《大唐西域记》是一部著名的游记。该书记述了他西游亲身经历的 110 个国家及传闻的 28 个国家的山川形势、地理位置、历史沿革、风土人情、宗教信仰、气候物产等，内容十分丰富，相当于当时介绍西域的一部百科全书。

（三）清代的旅游

清代前期最主要的旅游活动是以康熙和乾隆两位皇帝为首的帝王巡游。两人都曾六下江南。康熙皇帝的江南之游并不纯粹是游玩，而是带有政治目的：一是观察风俗，注意民生；二是留意河防，查问河工；三是昭示满汉一体，安抚江南民众。乾隆皇帝统治时期，疆域辽阔，政局稳定，经济获得巨大发展，是封建社会少有的几个盛世之一。乾隆皇帝六下江南，所到的地方主要是扬州、南京、苏州和杭州。

康熙皇帝和乾隆皇帝还喜欢游乐园林。因此，北京兴建了许多皇家园林，如畅春园、圆明园、静宜园、清漪园等。另外，还在燕山腹地修建了避暑山庄。

清代士大夫的旅游承明代士林之流风余韵，有山水之游和园林之游。清初，士大夫的山水之游突出地表现在一批明末的爱国遗民，他们不肯入朝为官，而是潜游山水，以寄托亡国的痛苦；或读万卷书，行万里路。清朝中期，政治稳定，这一时期的士大夫也崇尚旅游。

明清时期我国的园林艺术发展到顶峰，不仅修建了许多皇家园林，许多达官贵族、文人士大夫也纷纷修建私家园林，欣赏咫尺山水，从中获得无穷的乐趣。例如，康熙年间礼部尚书王崇简及其子大学士王熙在北京宣武门外修建的怡园，叠石凿池，莳花种竹，随地之高低广狭，分布亭台，构筑楼阁，或冠于云林之上，或托于松石之间，游者层梯纡蹬，步步幽回，情趣不同。当时的社会名流，如毛奇龄、陈维崧、朱彝尊、周之道、李良年等，就常在这里雅会。乾隆时，著名的文学家袁枚在南京购置的随园，也是当时著名的私家园林。在苏州，既有明朝时期建造的拙政园，也有清朝时期建造的网师园。在扬州，有特别多清人建造的园林。李斗在《扬州画舫录》中说："杭州以湖山胜，苏州以市肆胜，扬州以园林胜。三者鼎峙，不可轩轾。"

自道光至清末，清王朝一直处在风雨飘摇、朝不保夕的困境之中。一方面，国内政治腐朽而黑暗，经济破败，民生凋敝，社会矛盾尖锐；另一方面，中国遭遇西方列强的侵略，割地赔款，丧权辱国。在如此内外交困、满目疮痍的封建社会末世，哪里还有游山玩水的兴致。这一时期国人的旅游，由于时代的改变和时局所迫，较为突出的就是国外旅行。国人到外国旅行主要有以下几种情况：

一是一些穷苦人为生计所迫，不得不为洋人打工，也有的出国以谋生计。他们大都生活窘迫，毫无游览兴致。不过，其中也有极少的人在为生活奔波之余，浏览异国风情，并为西洋的许多新鲜事物和工业文明的进步而赞叹。

二是清王朝同西方国家建立外交关系后，向西方各国派驻使节，他们受命出使，游历西洋，考察西方文明，比较中西文化的不同，他们的观感对国人产生了极大的影响，这方面比较著名的有郭嵩焘、黄遵宪等人。

三是半封建半殖民地时期的中国迫使一些贫寒的家庭让孩子就读教会学校，接受西式教育，有些青少年因此还得到了教会的接济，得以游学欧美。这方面的代表人物是容闳。

四是一些爱国志士在戊戌变法失败后被迫出走海外，他们结交志同道合之人，组织革命团体，开展推翻清廷、建立共和的斗争。鉴湖女侠秋瑾就是其中的佼佼者。

二、现代旅游演艺项目

（一）旅游演艺区域

据统计，我国现有的旅游演艺产品已达 200 个以上，本书仅对其中 157 个较典型和重要的旅游演艺项目进行了分析。其中，对我国旅游演艺项目的数量按地区进行了如下汇总（见表 2-4）。

表 2-4　旅游演艺项目的地区分布

省（市、区）	辽宁	天津	上海	宁夏	黑龙江	福建	江西	贵州
数量	1	1	1	1	2	4	2	2
省（市、区）	甘肃	山西	河北	吉林	安徽	澳门	青海	海南
数量	3	4	3	3	3	4	3	4
省（市、区）	浙江	重庆	广西	西藏	山东	内蒙古	新疆	江苏
数量	5	5	5	5	6	6	6	8
省（市、区）	河南	云南	广东	陕西	湖北	湖南	北京	四川
数量	7	7	9	8	9	9	10	11

通过表 2-4 可知，我国旅游演艺项目虽分布较为广泛，但总体而言，在北京、四川、湖南、湖北、陕西、广东、云南、河南、江苏等地的分布较为集中。其中，四川和北京的剧场类演艺项目较为集中，湖南的景区复合型与山水实景型产品较为集中，湖北的剧场依托型和山水实景型项目较为集中，陕西和广东的剧场依托型与景区复合型项目较为集中，云南与河南的剧场依托型项目较为集中，江苏的山水实景型项目较为集中。结合各省份原有的旅游资源特色，笔者发现其旅游演艺项目与其旅游资源类型的吻合度较高，由此可见，旅游演艺类型与该区域的旅游资源特色也密切相关。

（二）我国主要旅游演艺项目

表 2-5 对我国的旅游演艺项目的资金投入进行了梳理和汇总。

表 2-5　我国旅游演艺项目的资金投入

项目名称	演出地点	类型	公演时间	资金投入
《禅宗少林·音乐大典》	河南登封待仙沟景区	山地实景演出	2006 年 10 月 6 日	3.5 亿元
《大宋·东京梦华》	河南开封清明上河园	大型水上实景演出	2008 年 4 月 5 日	1.35 亿元

项目名称	演出地点	类型	公演时间	资金投入
《千回大宋》	河南开封东京艺术中心	大型室内歌舞	2013 年 10 月 18 日	8 000 万元
《君山追梦·梦幻大典》	河南栾川老君山景区	大型实景演出	2009 年 5 月 2 日	1.4 亿元
《夷水丽川》	湖北恩施	洞穴原生态情景剧	2005 年	8 800 万元
《盛世峡江》	湖北宜昌三峡大坝旅游区	大型生态情景演出	2009 年	3 300 万元
《梦幻九歌》	湖北武汉杂技厅	大型杂技旅游剧	2008 年	800 万元
《天门狐仙·新刘海砍樵》	湖南张家界天门山峡谷剧场	山水实景音乐歌舞剧	2009 年 9 月 17 日	1.2 亿元
《张家界·魅力湘西》	湖南张家界魅力湘西大剧院	大型民族文化节目	2001 年 3 月	1.6 亿元
《中国出了个毛泽东》	湖南韶山	山水实景演出	2014 年 3 月 20 日	5 亿元
《森林密码》	广东广州长隆旅游度假区	森林实景演出	2013 年 12 月 1 日	3 亿元
《创世纪》	广东深圳世纪之窗	广场全景式大型史诗音乐舞蹈	1998 年 7 月 18 日	1 500 万元
《千古风流》	广东深圳世纪之窗	广场全景式大型史诗音乐舞蹈	2005 年 1 月	857.7 万元
《龙凤舞中华》	广东深圳中华民俗村	大型音乐舞蹈史诗	2003 年	1 亿元
《天祥》	广东深圳东部华侨城	大型歌舞节目多媒体交响音画	2007 年	1.7 亿元
《时空魅影》	广东广州"魔立方"国际商旅场	大型蒙太奇超限多媒剧	2005 年 12 月	2 000 万元
《海棠·秀》	海南三亚万达文化中心	大型原创奇幻音乐舞台剧	2011 年 9 月 16 日	6 000 万元

项目名称	演出地点	类型	公演时间	资金投入
《印象·海南岛》	海南海口市印象剧场	面朝大海半开放式大型实景演出	2008 年 4 月 12 日	1.8 亿元
《藏述》	四川九寨沟县漳扎镇藏迷大剧院演艺中心	首部大型藏族原生态歌舞乐	2007 年 8 月 16 日	1 500 万元
《道解都江堰》	四川成都都江堰	遗址实景演出	2010 年 6 月 3 日	2 000 多万元
《天府蜀韵》	四川成都	原创音舞诗画		2.5 亿元
《天下峨眉》	四川乐山峨眉山	3D 山水实景剧	2007 年 4 月 17 日	8 000 万元
《玉水不夜天》	贵州平塘	山水实景音乐剧	2006 年 2 月 28 日	364 万元
《吉鑫宴舞》	云南昆明世博吉鑫园	歌舞宴	2007 年 1 月 18 日	2 000 万元
《云南映象》	云南昆明	大型原生态歌舞集	2003 年 8 月 8 日	700 万元
《印象·丽江》	云南丽江甘海子蓝月谷剧场	大型实景山水演出剧	2006 年 7 月 23 日	2.5 亿元
《丽水金沙》	云南丽江国际民族文化交流中心剧场	旅游歌舞晚会	2002 年 5 月	1 100 万元
《蝴蝶之梦》	云南大理艺术剧院	大型梦幻风情歌舞	2005 年	2 400 万元
《盟誓华清宫》	陕西西安临潼华清池景区	大型实景歌舞剧	2006 年 5 月 1 日	500 万元建设水上舞台
《大梦敦煌》	甘肃兰州大剧院全国巡演	大型实景舞剧	2000 年	700 万元
《鼎盛王朝·康熙大典》	河北承德市元宝山	大型实景演出；全球首部皇家文化主题	2011 年 6 月 18 日	2 亿元
金面王朝	北京欢乐谷	主题公园	2007 年 8 月 16 日	2 亿元
功夫传奇	北京	巡演类	2004 年 12 月 3 日	1 000 万元
圣水观音	北京	大型综艺晚会	2008 年 8 月 14 日	8 000 万元

项目名称	演出地点	类型	公演时间	资金投入
《飞翔》	北京	剧场剧艺杂技	2008 年 4 月	1 100 万元
《印象·刘三姐》	广西	大型山水实景演出	2004 年 3 月	7 000 万元
《时空之旅》	上海	剧场类	2005 年 9 月	1 000 万元
《西藏印象——幸福在路上》	西藏	大型原生态歌舞剧	2008 年	2 500 万元
《文成公主》	西藏拉萨	藏戏	2013 年 7 月	4 亿元
《巫山神女》	重庆	歌剧	2012 年 12	2 000 万元
《巴渝情缘》	重庆	歌舞	2006 年 6 月	6 000 万元
《喀纳斯盛典》	阿勒泰布尔津	大型舞台艺术剧	2013 年 7 月	1 500 万元
《东归印象》	新疆和静县	历史实景剧——巡演类	2014 年 7 月	2 000 万元
《你好，阿凡提》	喀什	实景剧	2009 年 1 月	500 万元
《印象·二道桥》	乌鲁木齐	大型歌舞剧	2013 年 6 月	2 000 万元
《天山牧歌》	新疆伊犁	现代马舞剧	2015 年 5 月	1 100 万元
《北京刘老根大舞台》	北京	剧场类	2009 年 5 月	3 000 万元
《坐夜三江》	广西	大型实景演出	2011 年 1 月	7 300 万元
《梦·巴马》	广西	实景演出	2012 年 9 月	9 300 万元
《喜马拉雅》	西藏	歌舞剧	2007 年	1 600 万元
《人间正道》	河北西柏坡平山革命历史陈列馆广场	大型实景演出	2011 年 6 月 28 日	2 200 万元
《升堂系列剧》	平遥古城	室内情景剧	1999 年	——
《又见平遥》	山西省平通县顺城路 154 号平遥古城沙瓦剧场	大型实景演艺项目大型情境体验剧	2013 年 2 月 18 日	1.5 亿元
《春江花月夜》	扬州瘦西湖景区	全国首部大型园林实景演出	2013 年 9 月	1.8 亿元
《四季周庄》	江苏昆山	中国第一部呈现江南原生态文化的水乡实景演出	2007 年	5 000 万元

项目名称	演出地点	类型	公演时间	资金投入
《印象·西湖》	杭州西湖的岳湖景区	都市大型山水实景演出	2007 年 3 月 30 日	4 000 万元
《宋城千古情》	浙江杭州宋城景区	室内立体全景式大型歌舞	1996 年 1 月	6 000 万元
《吴越千古情》	杭州乐园大剧院	大型室内实景演出	2012 年 2 月 14 日	2.5 亿元
《印象·大红袍》	福建武夷山国家旅游度假区武夷茶博园西南角，崇阳溪东侧河岸，背倚风光绮丽的武夷山水，占地面积约为112 亩	大型山水实景演出；世界上第一座"山水环景剧场"	2010 年 3 月 29 日	2 亿元
《徽韵》	安徽黄山香茗大剧院	大型全景式现代歌舞	2009 年 9 月 15 日	1 亿元
《宏村阿菊》	位于黟县奇墅湖国际度假村内，现世界文化遗产地宏村毗邻	大型实景文化演出	2012 年 7 月 31 日	2.3 亿元
花山谜窟激光秀《徽州千古谜》	黄山屯溪区屯光镇酒村（花山谜窟西大门剧院）鼎上鼎大剧院	现代大型综合秀	2012 年 7 月 16 日	1.2 亿元
《井冈山》	江西井冈山新城区拿山红军剧场	大型实景演出我国目前唯一的一台展现红色经典的大型实景演出	2008 年 1 月	1.7 亿元
《梦里老家》	江西婺源	大型实景山水演出	2015 年 3 月	2.3 亿元
《杏坛圣梦》	山东杏坛剧场	大型广场乐舞；大型歌舞史诗	2001 年 9 月 26 日	3 000 万元

项目名称	演出地点	类型	公演时间	资金投入
《泰山千古情》	山东泰安市旅游经济开发区内的天平湖畔《泰山千古情》大剧院	立体式大型歌舞	2015 年 7 月 28 日	15 亿元
《中华泰山封禅大典》	泰山天烛峰景区封禅天地剧场	大型实景演出	2010 年 5 月 1 日	3 亿元
《梦归琴岛》	山东青岛海泉湾天创大剧院	大型魔术舞剧	2012 年 9 月 8 日	2.9 亿元
《神游华夏》	威海市华夏路1 号	大型山水实景演出	2010 年 5 月	5 亿元
《又见敦煌》	甘肃敦煌	大型实景演艺项目	2016 年 9 月	4.3 亿元

对上述投资进行分析可知，投资低于 1 000 万元（不包含 1 000 万元）的演艺项目有 6 个，主要包括《玉水不夜天》《你好，阿凡提》《云南映象》《大梦敦煌》《梦幻九歌》《千古风流》等。

第三节　基于文化元素运用的旅游演艺项目分类

一、区域集聚型

区域集聚型的旅游演艺项目，主要指一系列的旅游演艺项目在某一特定区域集中，形成了一定的规模或影响力。该类演艺项目的地域特色鲜明，依托良好旅游环境，彰显地域特色，形成市场认知度高、可迅速推广和传播的旅游品牌。其适用的旅游目的地有如下特点：周边市场成熟；位于区域主游线上，交通通达性好；区域文化丰富，可创作故事题材多；周边留宿游客规模可观，区域同类产品市场竞争激烈。在项目开发中，演出应通俗易懂、接地气，满足大众游客看热闹的心理，以形成较强吸引力；回归本质，提升产品品质。其中，最典型的是"中国演艺之都"张家界的旅游演艺产业的发展。

旅游演艺项目的区域聚集，一方面能够加大该区域旅游演艺项目的知名度，形成了一定的品牌效应，对游客的刺激作用较大，使游客产生一定的品牌认知，形成只要看某类旅游演艺就能想到该区域的品牌印象。另一方面能够使该区域的旅游演艺项目形成一定的竞争机制，促使当地旅游演艺项目的开发更趋于深度化和精品化，整体提升该区域的旅游品质和层次，进而增强竞争力。此外，不同的旅游演艺项目，其主题和文化内涵必然有所区别，所以在一定程度上加大了投资开发者及运营管理者对当地文化与独特风情的挖掘力度与诠释程度，对旅游演艺项目，甚至是当地旅游业均起到了积极的促进作用。

二、景区依托型

景区依托型旅游演艺项目是"旅游演艺＋景区"的典型组合，"借势"和"留客"要素是其重要表现，主要适用于过夜游客多、周边住宿配套足、夜间休闲消费气候已形成的知名景区或旅游城市。在开发过程中，要严格控制运营成本，可充分利用临时性的周边原住民；应做到借势营销，凸显与已有品牌的景区联系；丰富周边旅游配套设施，完善周边餐饮、住宿条件，共同形成留客要素。

景区依托型旅游演艺项目充分依托已有景区的较高知名度和较大客流量，给旅游演艺项目带来了较大的市场空间，也较易实现经济效益、社会效益及生态效益的有机协调。其特点主要表现为以下几点：①品牌输入，景区自身演艺创作能力不足，多与知名演艺团体合作，如"印象系列"；②充分运用本土文化名片，不断延伸知名景区的文化内涵，与主景区一脉相承；③多夜间演出，与周边知名景区形成"白天看景、晚上观演"的良好互补，并以夜间单场演出为主，能够完善大景区圈的夜间休闲产品体系。

目前，以旅游景区为依托精心打造的特色、互动旅游演艺项目非常多。华侨城的《金面王朝》《天府蜀韵》《深蓝秘境》等演艺项目分别以北京欢乐谷、成都欢乐谷、深圳华侨城欢乐海岸的巨大客流量为重要市场。张艺谋的"印象系列"以山水田园、自然风光为依托，其中《印象·刘三姐》《印象·丽江》《印象·西湖》均有固定的演出场所，并分别依托阳朔、丽江、西湖较大的游客流，不仅使当地原有的旅游魅力和内涵得到进一步深化，也丰富了当地的旅游产品，为游客提供了更多的选择空间。湖北宜昌的《盛世峡江》以三峡大坝为背景，以旅游区截流纪念园生态广场为舞台，四川峨眉山的大型山水实景演出《天下峨眉》将佛教文化与武侠意境融为一体，河南登封的《禅宗少林·音乐大典》将舞台设置于登封市待仙沟景区的一片大峡谷中，《梦回大唐》和《宋城千古情》分别固定在西安大唐芙蓉园和杭州宋城上演，大型音乐剧《金沙》更是不能脱离四川的金沙遗址。此外，陕西华清池的《长恨歌》，江苏周庄的《四季周庄》，南京白鹭洲公园的《夜泊秦淮》等基本上都属于此类别。其中，以旅游开发和经营为核心，并以文化产业为特色和依托的华侨城旅游演艺项目最为典型。

华侨城从 1991 年成功推出第一台大型旅游文艺晚会《艺术大游行》以来，先后建造了独立于景区的城市剧场，并打造出了极具文化内涵的大型城市秀《金面王朝》《天府蜀韵》《深蓝秘境》等各类原创演艺精品。截至 2021 年，华侨城累计推出超过 80 余台大型演出剧目，已累计推出超 1 500 场高品质主题活动、4 000 多项惠民文化旅游产品，通过文旅融合所形成的开放式景区年接待游客量达 4 000 万人次，旅游演艺项目的整体规模居全国第一。庞大的演出盛宴满足了多层次游客的精神文化需要，深受游客好评与推崇。游客对华侨城旅游文化演出的满意度高达 95%。

华侨城作为中国主题公园的创始者，在发展文化旅游的过程中，创造性地开拓了旅游演艺这一新型业态，并且引领与见证了中国旅游演艺 20 年来景区秀到城市秀的整个发展历程。华侨城借助主题公园的平台、客源市场及旅游收入，建设了一套独具特色的表演体系。高度的市场化运作，不仅开创了以大型晚会式、巡游式、歌舞史诗式旅游表演为核心、融合了多种艺术门类的表演体系，并且构筑了与艺术圈、设计产业、演出设备制造和采购、高新技术产业、旅游业等多种产业紧密关联的演艺产业链条，是景区依托型旅游演艺产业发展模式的典型代表。

旅游演艺项目依托景区主要表现在两方面：第一，借助著名景区的较大客流量，作为自己的重要客源，可充分保障市场空间，成为自己得以较好经营的重要前提和基础；第二，大多数景区主要在白天供游客游玩，但晚间吸引力不足，而旅游演艺项目的开发，正好可以弥补游客夜间无所娱乐的缺憾，保证了景区日夜均有吸引力，既有效扩大了产品供给，又获得了更多的盈利空间，更为游客提供了更多选择，具有"一举多得"的良好效果。但是，并非所有景区均可开发旅游演艺项目，足够大的客流量是其重要前提和必然要求。

第三章 中国旅游演艺的空间分布

本章的主要内容是中国旅游演艺的空间分布，主要从中国旅游演艺空间结构类型、中国旅游演艺空间分布特征、中国旅游演艺空间分布存在的不足以及中国旅游演艺的空间扩散模式这四个大方面进行探究，期待能使读者了解中国旅游演艺的空间分布规律。

第一节 中国旅游演艺空间结构类型

一、按照依托物分类

（一）城市集中型

我国有很多城市是以旅游业而著名的。城市不仅是旅游发展的依托空间，它也是主要的客源地，许多游客在选择旅游地点时通常会考虑当地有什么样的特色，进而考虑去什么样的城市进行旅游活动。当今社会的旅游体系，逐渐向现代化的水平发展，大众旅游的目的也不单单是欣赏一些自然风光。当今时代，各种文化不断涌现到人们的视野面前，人们对各种文化也充满了向往，比如说我国有很多著名的历史悠久的城市，北京和西安就是这类城市的代表。还有就是经济发展十分迅速、高楼大厦众多的大城市，如上海、深圳等。每一座城市都有其独有的特点，因此当你在这些城市的大街上行走时，会遇到许多外地来的游客，本地人在人群中算是比较少的。而且，城市型旅游还可以发展夜经济，城市的运营者可以设立一些晚上进行的活动来吸引年轻人消费，这也能获得一笔不小的旅游收入。

北京作为我国的首都，它有很多的名胜古迹以及重要的文物资源。因此在国内旅游选择城市时，北京无疑是很多游客都会做出的选择，只要有外出旅游的想法，相信很多人首先想到的就是首都北京。北京有著名的天安门广场以及故宫、圆明园等，这些都具有悠久的历史文化，非常值得去当地拍照留念。也是因为这些原因，境外游客在选择旅游地点时，通常也会选择北京。而且，北京旅游演艺产业的发展主要靠的是境外游客。到目前为止北京一共有 33 个旅游演艺剧场，其中包含戏剧和曲艺，还有关于中国功夫的宣传。中华文化在境外是非常出名的，尤其是中国武术与舞狮。

西安这座城市同样有着历史悠久的文化色彩，有很多朝代都以西安作为都城。因此西安保留下来的历史文化也是相当浓厚的。1982 年，陕西歌舞剧团推出了仿唐乐舞，这也拉开了当地旅游演艺产业的序幕。后来在陕西歌舞剧团的带领下，西安又创立了另外的旅游演艺集团，曾经的汉唐文化礼节、汉唐时代的繁荣景象，都在剧场中得以展示。此外，西安闻名于世的秦始皇兵马俑，也深深吸引着境外游客。

城市集中型的旅游演艺产业的发展呈现出以下特点：第一点是这个城市一般具备一定的特色，比如说有独有的文化，或者说有出色的景观优势，大自然风光同样能够吸引大量的游客前往游玩。而且这种城市一般都具有很高的知名度，在全国的影响力也比较出众，不管是经济还是文化方面都被大家熟知，因此它能够在旅游行业内成为佼佼者。第二点是这样的城市通常交通比较便利。游客在城市游玩时会享受到很多的绿色交通以及便捷的交通方式。第三点是这样的城市一般都具有浓重的文化气息。因为旅游演艺项目的发展需要依托一定的文化。旅游演艺剧场在表演时并不是单纯的现代化的艺术表演，它更加注重的是传统文化的展示，而传统文化就是当地一直流传的，或者是广大人民群众所熟知的。总体来说，城市集中型的旅游演艺是比较普遍的，它不仅能够带动城市经济的发展，也能提升民众的生活质量。

（二）景区集中型

旅游演艺产业源于城市，因为最初的剧场都是在城市中设立的，后来旅游景点的运营者逐渐发现这些剧场同样可以设立在景区内，既可以对景区文化进行宣传，对景区的经济也具有良好的带动能力。于是，大量的旅游景区开始涉猎旅游型演艺剧场。这类剧场呈现出广阔的发展前景，已经被越来越多的景区采用。现阶段，旅游演艺产业不仅是景区运营的重要内容，也获得了广大人民群众的关注，因为其文化气息是非常浓厚的，能够使人们对当地文化有一个很深的印象。

一般情况下，旅游演艺型剧场的分布都是以国内游客的旅游导向为基准的，之所以会呈现出这样的状况，主要有以下几种原因：第一点是景区主要依托的是国内的游客数量。中国地大物博,拥有众多的自然风光,美丽的景区数不胜数,中国的游客在国内游玩时很难游遍所有的旅游景点。第二点是这种景区通常与周边的城市距离不远,游客白天游山玩水,到傍晚就会感觉身体乏累,想要休息,就会往休息的地方去,因此去往酒店的路途和时间都不宜过长。第三点是这类景区覆盖的面积都比较大,一般游客来到景区游玩时,很难做到一天把景区游遍,一般都需要 2 ~ 3 天甚至 3 ~ 4 天才能把整个景区游遍。第四点是景区的管理已经粗具规模,管理方式也相当成熟,能够在游客游玩时营造出很好的旅游氛围。第五点是这个景区附近可能已经有其他的较为成功的景区,而周边景区的成功能够吸引其他游客前往游玩。

同样景区集中型的旅游演艺产业的发展也会存在一定的问题,主要表现为以下几点。第一点是一些旅游演艺剧场过于集中,在很小的一片地区往往也会有多个剧场,如果按照这样的情况发展,即使游客量会逐渐上升,但在上升的过程中也会出现一系列的问题,比如剧场容纳不下过多观众等问题。而且有的景区还会存在淡季和旺季,这种季节性的客流量对演艺事业的影响也是比较大的。第二点是旅游演艺剧场的发展大多依托于当地的文化,但是如果旅游表演剧场过于集中,那么他们的表演势必会出现一些重复的内容,这样就会使个别的旅游演艺剧场受到影响。第三点是旅游演艺剧场过于集中,会使运营者之间展开激烈的竞争,而这种竞争难免会出现跑偏,从而造成恶性竞争的不良后果。另外有一些旅游演艺剧场是受政府支持的,在政府的支持下,无论是市场的口碑还是营销策划都领先于其他的剧场,这也是一种得天独厚的优势,因此在竞争中可以脱颖而出,而其他的一些小型旅游演艺剧场就不会那么幸运了。

(三)城市与景区集中型

一般来说,城市与景区集中型的旅游演艺项目大多处于这座城市的城郊地区。既要远离喧嚣的城市生活,也要便于回到城市生活中来。利用这种发展方式,不仅能够保障景区的游客量,还能提升城市的整体质量。这一类的城市大多是文化色彩鲜明且具有非常浓厚的历史气息,其本身吸引游客的能力就比较强,而且这样的景区在售票时,一般都是卖通票,也就是说进入景区只需要买一次票,然后就可以在景区中任意游玩留念。

城市型景区主要在我国一些文化气息浓厚的城市,比如说北京、深圳、杭州与横店等。北京是我国的首都,其中也有很多的历史文物资源,具有丰富的文化色彩。深圳是我国第一个经济特区,自改革开放以来,深圳就被每一个中国人熟知,作为长期以来与外界沟通的桥梁,深圳的建设也是非常完善的,因此会吸引很多的游客。横店是我国电影和电视剧的拍摄基地，大部分的电影和电视剧都是在横店拍摄完成的，我们在电视中看到的场景，大部分都是在横店拍摄的。

（四）文化集中型

文化集中型的旅游演艺项目的分布，主要依托一个特定的元素，就是在这个地区有一种独特的文化，而在其他地区没有，比如少数民族的一些风俗习惯。我国的少数民族一般都生活得比较集中，因此他们的文化也都比较集中。大部分的少数民族都生活在有山有水的地方，那里不仅景色秀丽，而且长期发展下来，他们并没有丢下传统，同时也在紧跟着时代的步伐不断向前发展，既保留了传统中的优秀元素，也融合了一些现代化的元素，文化集中型的旅游演艺项目就集中在这一类的地区。这种旅游演艺项目主要依托于当地独特的文化，以文化作为核心进行一些文艺演出，以此吸引外来的游客，游客在游山玩水的过程中，还可以了解到独特的风土人情。在这些区域中，一般都会发展一些比较著名的旅游演艺剧场并将其打造成知名品牌，在品牌的带领下，已经形成了比较完备的旅游产业链。

二、按照均衡度分类

（一）集中型

旅游演艺的集中分布主要指大量的旅游演艺呈现在一个特殊的空间、有限的区域内，形成了相对密集的旅游演艺空间竞争关系。根据各旅游企业的演艺实力，这场竞争形成了均衡发展和"歼灭式"发展两种形式。均衡发展是指两个或多个旅游企业在同一空间内实力相同，双方难以淘汰对方、形成相对均衡的竞争关系，旅游企业之间相对静态、相对稳定，如果当地游客数量能够保证基本公共旅游服务的多元化发展，各方将长期处于均衡发展状态；不过，如果游客数量得到保障，各方也有可能获得更大的利益。除非一方改变实力，否则这种均衡发展模式是难以打破的。"歼灭式"的发展是旅游演艺集中布局后的正常表现，通常是旅游演艺在有限的特定区域内密集出现，这主要是受当地旅游业发展的示范效应和一定旅游业绩的影响。还有可能是一些投机性企业涌入旅游服务领域，希望在旅游演艺集中布局的时候，能够进入这个领域，这说明旅游演艺企业的实力存在很大差距，中型实力企业更愿意"克隆"和模仿其他大型企业的演艺节目、甚至管理模式，以降低其经营成本。

正是由于存在上述差距，一般的企业刚踏入旅游演艺产业的大门时，通常会尝到一些甜头。但是就这些企业的长远发展来看，它们大部分都被一些大的企业收购。没有被收购的小型企业也会在激烈的市场竞争下逐渐地被市场淘汰。市场上其实还存在着一种现象，就是有些小型企业开设的旅游演艺剧场具有一定的特色，有别于当地其他的剧场。它们对游客有一种独特的吸引力，会在一段时间内继续生存。但这样的差异化演出很有可能会丢失当地的一些民族特色，因此时间久了也必定会被淘汰。

（二）均衡型

均衡型的旅游演艺产业主要存在于一些较大的区域。首先，其在空间上的分布距离相对较远，而且在大的空间中也不会显得非常密集，反而显得很均衡。在充足的游客量的保证下，表演的艺术种类繁多，宣传的文化也是多彩多样的，能够源源不断地吸引外地的游客前来观赏，从而形成了一种良性循环的状态，既有大量的游客前来，又有均衡的市场来分摊客流量。这里所说的均衡性并不仅仅指空间上的分布均衡，还指表演艺术方面的均衡。因为旅游型演艺事业发展粗具规模后，它们所表演的内容势必出现一些重复，而如果在大空间内均衡发展，它们的文案内容会逐渐地差异化，分出更多的类别。这样一来，游客选择会更多，也能使整体的剧场运营呈现均衡性的状态。

（三）单薄型

单薄型的旅游演艺产业发展与均衡型的发展恰恰相反。单薄型分布是指在一个较大的地区，所存在的旅游演艺剧场的数量很少，往往只有一个或几个。而且，这些旅游演艺剧场的分布十分分散，彼此之间的距离也非常遥远。在这种条件下，各个旅游演艺剧场之间既没有竞争的空间，也没有互相促进的空间。而且，旅游演艺产业的发展必须依托比较著名的旅游景点，如果只存在旅游演艺剧场，就很难得到持续性的发展。

但是单薄型的旅游演艺项目的分布也具有一些优势，那就是游客来到当地观看演出后，一般会选择留宿，这样还能带动当地的一些其他消费，提高整体经济收入。而且，旅游演艺剧场的表演大部分都是在晚上进行，这也为游客的留宿创造了条件。综合来看，单薄型的旅游演艺产业发展存在的弊端还是比较大的。由于单薄型的分布，它们没有较为集中的旅游景点，也没有较为集中的旅游演艺剧场，因此来到当地游玩的游客数量必然会受到一定的影响。由于旅游演艺剧场较少，在旅游旺季的时候，这些剧场很难容纳大量的游客，从而降低游客的旅游体验。

三、按照密集度分类

（一）集聚型

虽然旅游演艺在空间上的分布与其他的产业有相同的外在表现，但也存在着差距较大的内在表现。

集聚型旅游演艺产业的发展具有一定的主动性，也存在一些政府提供政策进行干预和引导的过程，因此它在某一区域形成的规模越大，就越能得到外部的经济支持。而集聚型旅游演艺产业在发展过程中也存在一些被动性，尽管在这些被动性中存在商家为了谋利而进行的一些行为，但是从游客的角度出发，并不是每一个旅游地都适合推出旅游演艺项目。因此受多方面的影响，我们可以说集聚型的旅游演艺剧场存在一定的被动性。各个旅游景点附近存在的旅游演艺剧场都具有各自的特色，而且它们的位置一般不会紧密相连，会相隔一段的距离，从而能够良好地进行市场竞争。在一些较大区域形成的这种旅游演艺剧场，比如说北京、西安这种大城市，它们既可以各自依靠某个旅游景点来独立发展，也可以相互竞争，然而在小范围内形成的集聚型旅游演艺剧场，就要尽量避免"门对门"式的聚集。应在尽量分散的同时合理规划市场合理竞争，以吸引游客前去观赏，从而在有限的空间范围与有限的市场范围内获取更大的利益。

（二）相对分散型

相对分散型的旅游演艺剧场的分布，就好比人们抬头看天空的时候，只有星星点点，用一个手掌就能数清楚视野中有多少颗星星的感觉。这些旅游演艺剧场之间不光是距离远，而且它们之间没有特别明显的联系，也无法形成一个市场。一般来说，这一类的旅游演艺剧场的发展不是太好，首先它在地域上往往比较偏僻，游客前往游玩的可能性不大，或者是每天接客量很少；其次交通上的不便也会使游客望而却步。

（三）点轴集中型

呈点轴集中型分布的旅游演艺剧场存在一定的特殊性，它是在渐渐的扩散中逐渐发展形成的。旅游演艺产业所代表的各个点并不全是一些城市，虽然旅游演艺产业的发展需要依托城市，但是在个别地区旅游演艺产业的发展要依托景点。如果站在游客的角度上考虑，重点旅游区域和著名城市无疑具有更大的吸引力。点轴集中型中的"轴"指的主要是交通方面。在一些比较大的旅游城市或旅游景点，它们的交通首先是非常便利的，有很多公共的绿色交通，即便是自驾游的散客，也能享有良好的道路指向。其次，在景区游玩时同样需要轴，也就是线路。具有特色的旅游文化区既可以以文化线路为主，也可以以景点线路为主。点轴集中型的分布，主要集中在一些比较大的区域范围内，甚至有时候是跨省的，但是这种跨省的旅游景点往往不会受到行政干预，反而政府还会给予他们一定的扶持。

第二节　中国旅游演艺空间分布特征

一、空间分布具有明显差异

经过多年的发展，我国旅游演艺产业已经发展到了一个比较高的水平，为地方的经济带来了很大的收益，成了很多地区的"财富密码"，但是旅游演艺产业在发展中还存在一些不均衡的现象。例如，旅游演艺产业的发展会衍生很多的旅游演艺剧场，但是北方的剧场比南方少很多，西部比东部也少很多。比如，我国的新疆地区旅游演艺剧场虽然有9个，但是考虑到新疆的总面积，这个数量其实并不算多。

旅游演艺产业的发展之所以会呈现出这样的不均衡现象，存在着多方面的原因，本书针对这些原因做出了以下几项总结。第一点是我国的地域文化差异比较明显。我国的总面积是非常大的，在全世界排第三。但由于历史发展上的原因，我国各个省份、各个地区都传承着不同的文化，这些文化有的知名度高，有的知名度低，有的产生的影响力比较大，有的却不为人知。能够发展出旅游演艺产业的特色文化也都是影响力比较大的，或者是知名度比较高的。第二点是我国各个地区旅游业的发展程度不同。在我国的历史发展长河中，现代化旅游事业的起步算是比较晚的。因此，各个地区的旅游业发展的状况也有所差异，呈现出层次感。由于地区之间不仅旅游业的发展水平不同，它们的经济实力也有所不同，而旅游演艺产业的发展需要大量融资，因此这在有些地区较难实现。而在旅游业比较发达的地区，旅游演艺产业的发展呈现出了饱和状态，甚至是过饱和的状态。第三点是地方经济发展的不平衡。旅游演艺产业虽然能够带动地方经济的发展，但是旅游演艺产业的发展首先需要依托地方的经济，如果所在的地区经济较为发达而且交通便利的话，那么旅游演艺产业在那里的发展也会非常好。而在西北地区，由于交通不便，客流量也不是很大，因此旅游演艺产业在西北的发展不如东南沿海地区。第四点原因是旅游演艺经营者的管理不善。旅游演艺产业是由旅游产业和演艺产业相结合而衍生出来的一个新产品。它的经营势必给管理者带来一定的困难，因为既要结合旅游，又要结合剧场演出的各种属性，二者之间在节目编排与市场运作方面都要符合时代的发展和消费者的需求。

二、不同类别的集中度迥异

我国的旅游演艺表演主要分为几大类，包括歌舞类和实景演出类，其中一部分地区还会结合功夫杂技和魔术等表演。

目前，在全国 390 台旅游演艺中，歌舞类达到 130 台，占全部旅游演艺大类的 33.33%；民族歌舞类和实景演出类基本持平，分别为 86 台、83 台，分别占总数的 22.05% 和 21.28%；"戏曲＋曲艺"类、"杂技＋魔术"类则分别有 47 台和 36 台，分别占比 12% 和 9.2%；功夫表演类和灯光秀类相对较少，分别只有 5 台、3 台，分别占 1.28% 和 0.77%（图 3-1）。

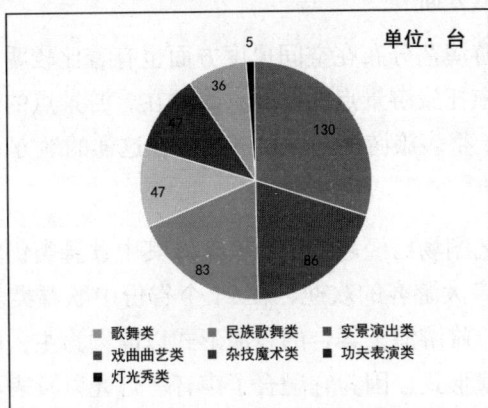

图 3-1　不同类别旅游演艺数量对比

（一）时间尺度方面

如果把我国的旅游演艺产业发展当作一把时间尺的话，从这把尺子上看，我国旅游演艺产业发展比较缓慢的阶段是在 1982 年到 1999 年。在这个阶段，我国处于改革开放前期，主要的游客还是外国友人。而且因为当时我国在国际上已经具有一定的影响力，外国人对中国文化具有非常强烈的憧憬。这一点对我国旅游事业的发展起到了很大的促进作用。第二个阶段是从 2000 年到 2004 年。这一阶段我国的旅游业得到了空前的发展，短短 5 年，大型的旅游演艺剧场已经发展到 31 个，是第一阶段的两倍还要多。另外，歌舞类的表演越来越受到广大游客的喜欢，如《印象·刘三姐》和《长恨歌》，各个地区也以它们两个为旗帜，不断寻找适合当地的发展道路。

从 2005 年开始，我国的旅游演艺产业正式进入快速发展时期，在这一阶段，全国范围内的各个旅游演艺产业都得到了政府的支持，其发展势头是前所未有的。在所有的旅游演艺表演中，歌舞类节目依旧是占比最大的。民族类节目在整体表演中所占的比例也是相当大的，达到了35%。实景类演出的出现，也促进了我国旅游演艺产业的发展。《印象·刘三姐》的成功带动了其他各个地区经济的发展，也使得全国开始出现了很多优秀的实景类旅游艺术表演舞台。在这一阶段，杂技魔术类演艺的数量也保持稳定增长。因为杂技和魔术非常受年轻人的喜欢，而且在表演的过程中可以融入很多的现代化元素，也能激发广大人民群众的观赏兴趣。灯光秀也是从这一阶段开始出现的，人们观看演出不单单是在看演出舞台上的表演者进行表演，表演者还可以利用灯光来反映情节中的人物性格与人物心情，并营造出各种各样的舞台效果，这与表演者的表演相辅相成。

（二）空间尺度方面

不同类型的旅游演艺分布在空间尺度方面也有着比较明显的特点，旅游演艺产业的发展必须依托旅游景点的发展，因此在旅游景点的聚集区，地方民族特色是非常浓厚的，很多旅游演艺项目都集中在这样的地方。

1. 歌舞类

我国的旅游演艺剧场已经超过了390个。其中歌舞类仍然是众多表演节目中的佼佼者，最受广大游客的欢迎，在21个省份中歌舞类表演的数量始终排名第一。长期以来，旅游演艺舞台的表演形式以歌舞为主，同样歌舞也是最受观众喜爱的一种表演形式，因为它融合了声音、灯光以及表演者的相互配合，其以声情并茂的形式，表达了每一个故事情节的中心思想，观众在观看过程中也很容易理解，易于接受其中的文化。因此在发展过程中，歌舞类的表演也在逐渐向大型购物类旅游演艺剧场的方向发展。

纵观全国各个旅游城市，发展比较快的地区主要是西安、成都、深圳等这些城市。由于它们的旅游业发展起步较早，这些城市的旅游业相对来说比较发达。这些城市已经建立了适合本地区发展的一整套体系，而且对以后的发展做好了长远的规划。其次，这些城市的特色文化比较明显，容易跟歌舞类的节目进行结合，所以能够得到很好的发展。

2. 民族歌舞类

我国旅游演艺剧场有很多是以民族歌舞类演艺为主，这些剧场集中在14个省份及地区，以云南、四川、湖南为代表，这4个省份是旅游演艺产业中民族歌舞类表演发展最好的。而相对于它们来说，贵州、新疆、内蒙古、西藏等地区，虽然面积比较大，但是旅游业发展起步较晚，旅游演艺产业的发展更是受到了各种限制。首先，这些地区的人口比较少，交通也不发达，因此前往这些地区旅游的游客数量并不多；其次，从事旅游演艺产业的工作人员也是寥寥无几。

3. 实景演出类

实景演出类的旅游演艺产业的发展起步较晚，但是这种类型的剧场起步即巅峰。以《印象·刘三姐》的成功为例，自《印象·刘三姐》问世以来，它就彻底改变了旅游演艺产业的发展方向。旅游景点的发展带动了旅游演艺产业的发展，而《印象·刘三姐》的出现将两者的关系颠倒过来，旅游演艺产业的发展也开始带动旅游景点的发展。实景类的演出对旅游演艺产业的发展不仅起到了促进的作用，而且也让人们看到了这样的演出也能获得成功。

实景演出依托真正的大自然风光，在纯天然的风景中搭建一个演出舞台。正是因为这样的情况，因此实景演出大多会受到天气的制约。而且南方的实景演出多于北方，而南方相对于北方来说，阴雨天气比较多。实景演出不仅投资巨大，而且影响因素也比较多，所以每年的演出时间与周期是非常有限的，因此在这段时间内，经营者要合理安排演出时间与演出频率。

4. 戏曲 + 曲艺类及杂技 + 魔术类

戏曲是中华民族传统文化的一个重要代表，它在 20 世纪是主要的艺术表现形式，放到现在社会来说，其仍然是受众面比较大的一种演出形式。而且这样的传统艺术需要传承，需要向我们的下一代进行宣传。杂技与魔术类表演节目大多受场地的限制，这类演出场地通常要提前布局，才能在表演中收到良好的效果。

杂技和魔术类表演深受广大游客的欢迎，不管男女老少，他们对杂技和魔术类的表演都有着浓厚的兴趣。比如，我国的吴桥就以杂技而闻名。魔术和杂技在吴桥的发展是非常有前景的，而且吴桥的水平在我国也是名列前茅的。但魔术和杂技在发展过程中仍然存在一些困难，比如它们非常依赖于场地技术。它们对场地的技术与安全性有着非常高的要求，而且杂技表演大部分都是师徒传承，在这种情况下我们可以看到各种魔术杂技巡回表演艺术团都是在全国各地进行巡回演出，没有固定的演出地点，但是在旅游演艺产业中融入这些元素后，他们就可以拥有一个稳定的演出地点与稳定的收入，而且能促进当地的经济发展。

5. 灯光秀类及功夫表演类

灯光秀的表演融合了现代化的科学技术，而全国这样的舞台只有 8 台，分别位于北京、河北、河南与湖北等地区。灯光秀类的表演和功夫类的表演总量不多。最早在 2008 年北京举办奥运会期间，曾经在水立方打造出了一个举世闻名的演出节目，通过灯光效果，把水立方的各种角度美充分展示了出来，激发了人们对奥运会场地的浓厚兴趣，也为后来我国旅游事业发展奠定了良好的基础。2014 年围绕开封铁塔也创造出了一个完美的灯光秀表演。对于大部分游客而言，开封铁塔只是屹立在开封地区的一座塔而已，除了拍照留念没有其他的游玩意义，而灯光秀表演的出现将冰冷的铁塔变成了一个活泼的表演舞台。

我国的少林功夫和太极拳是世界文化瑰宝，不仅在我国具有很高的知名度和影响力，在全世界也拥有无数的粉丝，很多外国人都想前往中国学习少林功夫。少林功夫以其独特魅力，长期影响着我国的传统文化发展。后来少林寺与剧团进行合作发展，创造出了很好的武术演艺舞台，同时也宣传了少林功夫。例如，北京的功夫传奇接待的游客大部分来自境外，其以独特的艺术形式向全世界诉说着我国的传统文化。

三、品牌空间得到迅速扩张

经过多年的发展，我国旅游演艺产业已经从最初的新产品演变成了能够独当一面、促进旅游业发展的一个完美瑰宝。很多旅游演艺项目的发展已经逐渐规模化，而且每个旅游演艺项目都在向品牌化的方向发展，《印象·刘三姐》和《宋城千古情》的成功就是很好的例子。其中，现代化旅游演艺剧场的发展也有很多成功的例子，比如赵本山创建的刘老根大舞台以及北京的德云社。曾经一度，它们两者的表演在全国很多地方创建分剧场，都会有很多的观众前去观看，一度发展成了很大的规模，而且产生了很大的品牌效应。

目前，我国旅游演艺产业的发展已经不再局限于对旅游景点的开发，而是逐渐走向企业化运营。有些企业具有雄厚的实力，对旅游演艺产业的发展做出了很大的贡献，并通过良好的运作和管理，不断扩大自己的品牌优势。

四、空间交叉发展趋势明显

截至目前，我国已经拥有了大大小小 390 个旅游演艺剧场。它们广泛分布于各个地区的 130 个地级市，而且主要集中在景区的周围，还有一部分是以旅游城市为辐射点进行分布。总体来说，旅游演艺产业的发展还是依托于旅游业的发展。

（一）类别交叉

根据之前的分析，可以看出旅游演艺的表演形式主要是以歌舞类为主，其中融合着一些戏曲元素、杂技魔术元素、现代化的灯光秀，还有传统文化中的功夫表演，多种元素的融合形成了一个多彩的艺术表演舞台。除了大型的灯光秀以及功夫表演之外，其他几类的演出形式在全国各地旅游演艺产业中都能看到，而灯光秀和功夫表演受地区限制比较大，只有个别地区拥有功夫文化，因此在一些比较著名的旅游景区，这些演出类别还呈现出交叉分布的现象。

以旅游演艺数量大于等于5台的地级及以上行政区划单位为统计对象，其旅游演艺类别交叉情况统计如表3-1所示。

表3-1　旅游演艺类别交叉情况统计

序号	地级及以上行政区划单位	旅游演艺数量	不同类别旅游演艺数量						
			歌舞类	民族歌舞类	实景演出类	戏曲+曲艺类	杂技+魔术类	功夫表演类	灯光秀类
1	北京	33	7		3	13	6	3	1
2	西安	14	7		2	3	2		
3	成都	13	5	1	2	3	2		
4	阿坝州	11		11					
5	张家界	10		8					
6	重庆	9	6		2		1		
7	丽江	9		8	1				
8	天津	8				1	7		
9	桂林	7	3		3	1			
10	沈阳	7		1		5	1		
11	郑州	7	4		1	1	1		
12	杭州	6	3		2		1		
13	南京	6	3			1	2		
14	秦皇岛	6	4		1				1
15	三亚	6	5		1				
16	深圳	6	5			1			
17	宜昌	6	3		2				
18	昆明	5		4	1				
19	乐山	5	3		1	1			

序号	地级及以上行政区划单位	旅游演艺数量	不同类别旅游演艺数量						
			歌舞类	民族歌舞类	实景演出类	戏曲+曲艺类	杂技+魔术类	功夫表演类	灯光秀类
20	黔东南州	5	1	3	1				
21	上海	5	4					1	
22	延边州	5		5					

旅游演艺产业的发展能够在空间上呈现出类别交叉的现象是值得高兴的，因为这样的发展才是均衡的发展，只有在空间上形成一定的交叉，才能带动各个地区的发展，而且有利于形成良好的市场竞争环境。我国的旅游业在 40 多年的发展中也表现出来了很多的问题。空间上的交叉分类打破了在某一空间上的相同类别演出僵化的格局，同时也促进了旅游演艺市场的发展，对整个行业发展起到了推动作用，为广大游客提供了更多的选择。

（二）品牌交叉

在我国旅游演艺产业的发展过程中，已经涌现出了很多知名品牌，如果这些知名品牌能够在空间上呈现出交叉的分布，那么对于我国旅游演艺产业的发展是非常有好处的。旅游演艺品牌的交叉已经形成了一定的规模，并在一定程度上得到了扩张，这种扩张不仅要符合整个企业的发展，还要符合当地的文化需求。品牌剧场的发展能够带动当地旅游业的发展。因此，我们在选择品牌交叉分布的过程中，应该以地区的人口密度为基准，或者以文化浓厚程度为准则进行扩散。

（三）混合交叉

旅游演艺产业的发展呈现出混合交叉现象，即从点式发展、轴式发展向全面混合交叉方向发展。在一些民族文化特色较为明显的地区，有多种发展方式与扩散方式，有的是以景点为准，如果景点分布在一条线上，就应以线的形式进行扩散分布，如果景区在当地以点的形式分布，就应以点的形式向周边进行扩展。另外，混合交叉还包括艺术交叉与文化交叉，这就要求各个地区旅游事业的发展有所差距。比如，几个旅游演艺剧场之间的表演内容、所宣传的文化要有所不同，这样才能够向游客提供多种选择，并在这种文化交叉中又能看到一些表演形式上的交叉，从而在这种混合交叉中形成良好的市场竞争，在竞争中相互学习与合作，在交叉中促进整个行业的发展。

旅游演艺产业的混合交叉分布不单单是在地域空间上的简单交叉分布，也是其表演宣传的各种内涵的交叉。因为旅游演艺市场所宣传的内容大部分都代表着当地的文化与民族风情。在一些少数民族中，往往不可能通过这样的表演而将能够代表这个民族的所有文化全部表现出来，因此各个剧场应该选取一些比较有影响力的特色文化进行宣传，并尽量做到不重合，唯有如此才能实现真正意义上的混合交叉。此外，这种混合交叉也有利于推动整体品牌的创建以及质量的提升。

第三节　中国旅游演艺空间分布存在的不足

一、错位化现象

空间上的错位现象，主要是指在某一个地区旅游演艺产业的发展过于集中或者过于分散。在现代化建设的促进下，我国旅游演艺产业也得到了全方位的发展。在其蓬勃发展的过程中，出现了一些表演数量过多达到饱和的现象。另外，还有一些地区流行音乐表演的分布十分分散，专业形式也相对来说比较落后，在表演内容上也没有更多的新颖的内容。

二、集中度过高

旅游演艺产业的发展已经成为很多地区旅游景点发展的重要支柱，它在得到很多关注的同时也在享受着很多的资源，比如企业的投资、政府的扶持以及政策的加持。受各种因素的影响，旅游演艺产业从早期的零星发展已经发展到现在的遍地开花。很多景点的经营者都想从这类表演中获利，这也导致了一种恶性循环。在一些著名的景区，有很多个旅游演艺剧场在营业，游客在选择的过程中很难分辨这些剧场之间有什么区别。以张家界景区的发展为例，2000年《魅力湘西》（见表3-2）的创建无疑是一个具有历史性的突破，它不仅带动了张家界地区旅游业的发展，为当地创造了很高的收入，而且也促进了当地的经济发展。《魅力湘西》自从问世以来，一直都是张家界景区的主要经济来源。也是由于这样的原因，很多的人都想创建旅游演艺剧场，先后出现了4家大型的演艺剧场来跟《魅力湘西》进行竞争。其实对于张家界景区来说，根本就不需要这么多的旅游演艺项目，其旅游演艺市场已经呈现出了集中度过高的特点。最主要的是，这些分布比较集中的旅游演艺剧场之间的艺术表演形式以及表演的节目都非常类似，因此它们在市场竞争中很难找到自己的一席之地。《魅力湘西》具有一定文化特色，它结合了歌舞戏剧与杂技魔术等艺术形式。其次比较出名的就是《天门狐仙》（见表3-2），《天门狐仙》是一种实景类的演出，它的出现也为张家界景区增添了光彩，在市场经营中已经形成了自己独特的竞争优势。

再以九寨沟景区为例，九寨沟是世界级的自然遗产与国家级的自然保护区，也正是因为这个原因，它吸引了无数的游客前往游玩，也有很多游客是出于对藏族文化的憧憬才去游览的。但是，由于交通的限制，游客很难在九寨沟一天折返，这大大降低了旅游的效率。九寨沟有着得天独厚的条件，比如雪峰与藏族的风土民情，九寨沟依赖这些创建了很多的旅游演艺表演形式，比如篝火晚会与歌舞表演等（见表3-3）。

目前，九寨沟周围共集中分布着10台旅游演艺，从1999年的《九鑫山庄格桑拉歌舞晚会》到2014年的《九寨千古情》（见表3-3），都以反映藏族文化为主，呈现出较强的空间集聚性。

表3-2　张家界旅游演艺基本情况

序号	推出年份	旅游演艺	具体类别	大类	演出地点
1	2000	《魅力湘西》	歌舞剧	民族歌舞	魅力湘西国际文化广场
2	2004	《梦幻张家界》	歌舞剧	民族歌舞	梦幻张家界大剧院
3	2005	《土风苗韵》	民族风情歌舞	民族歌舞	土家风情园（市郊）
4	2008	《武陵魂·梯玛神歌》	实景演出	实景演出	宝峰湖
5	2009	《天门狐仙》	实景演出	实景演出	张家界天门山景区（市郊）
6	2011	《魅力张家界》	音乐舞蹈剧	民族歌舞	湘西大剧院
7	2011	《西兰卡普》	歌舞剧	民族歌舞	张家界民族大剧院（市区）
8	2011	《印象张家界》	歌舞剧	民族歌舞	张家界大剧院
9	2014	《烟雨张家界》	歌舞剧	民族歌舞	黄龙洞景区
10	2015	《梦里张家界》	非遗主题演出	民族歌舞	梦里张家界大剧场

表3-3　九寨沟区域旅游演艺基本情况

序号	推出年份	旅游演艺	具体类别	大类	演出地点
1	1999	《九鑫山庄格桑拉歌舞晚会》	歌舞	民族歌舞	九寨沟县九鑫山庄

序号	推出年份	旅游演艺	具体类别	大类	演出地点
2	2000	《走进香格里拉》	歌舞剧	民族歌舞	九寨沟县九寨香格里拉演艺宫
3	2000	《藏羌歌舞晚会》	民族歌舞	民族歌舞	九寨沟县九寨沟格桑宾馆演艺厅
4	2000	《喜来登藏族歌舞晚会》	歌舞	民族歌舞	九寨沟县喜来登酒店
5	2002	《高原红》	歌舞剧	民族歌舞	民族歌舞九寨沟县印象九寨高原红演艺中心
6	2002	《藏王宴舞》	民族歌舞	民族歌舞	九寨沟县九寨沟亚东演艺中心
7	2003	《香格里拉学艺官歌舞晚会》	歌舞	民族歌舞	九寨沟县星宇国际大酒店
8	2004	《九寨天堂·梦幻之旅》	民族歌舞	民族歌舞	九寨沟县九寨天堂甲暮古城
9	2007	《藏谜》	原生态歌舞	民族歌舞	九寨沟县九寨沟藏谜大剧院
10	2014	《九寨千古情》	歌舞剧	民族歌舞	九寨沟县九寨沟漳扎镇

对于旅游景点来说，旅游演艺产业在小范围内的集中不是一件好事。要想在时代的洪流中保持良好、稳定的发展，就要制订一个可持续发展的计划。比如，演艺事业的发展本来应该是提升整个旅游质量的，但是过于集中的布局会使整个旅游产业链变得复杂，难以在良好的市场竞争中稳定生存。

三、雷同化严重

旅游演艺产业从早期外事接待式呈现或主动展现地域文化的朴素式点缀，到基于中心示范机制下的产业化发展，不可避免地会出现由于顶层设计缺位所导致的产业泛滥现象，前面介绍的旅游演艺过于集中就是其重要表现；另外，旅游演艺项目严重雷同化问题同样值得关注。旅游演艺项目的雷同化现象主要体现在内容上雷同、形式上雷同、模式上雷同三个方面。

（一）内容上雷同

表演内容上的雷同是整体旅游演艺项目雷同化问题中最突出的表现形式，也被广大游客诟病。旅游演艺产业是以文化为依托来吸引外地游客的，但是外地游客来到旅游景点时往往会发现有好几个大大小小的剧场，他们会认为各个剧场之间的表演内容与表演形式有所不同，因此可能会选择多个表演剧场进行观看。在这种情况下，当他们看到各个剧场之间有相同的表现形式与文化内涵，就会产生后悔的情绪，进而对整个旅游景点产生一些不好的印象。而且，如果各个剧场之间的表演内容雷同，那么当地的文化发展也不可能持续发展。

如表 3-4 所示，除了《天门狐仙》外，张家界其他 9 台旅游演艺都是以当地土家族、苗族文化为主要表现内容，甚至多种文化因子在多台旅游演艺中重复出现，其重复率之高、节目雷同之多在全国实属罕见。根据调查，80% 以上的被调查者都认为张家界旅游演艺节目存在模式化、雷同化严重的问题。

表 3-4　张家界旅游演艺雷同化现象统计

序号	推出年份	旅游演艺	主要节目内容
1	2000	《魅力湘西》	苗族歌舞、边城、爬楼、茅古斯舞、马桑树儿搭灯台、合拢宴、女儿会、哭嫁、湘西赶尸、场外篝火表演
2	2004	《梦幻张家界》	亘古印象、澧水笙歌、千古绝唱（含哭嫁）、红色之音（红色记忆·魂归故里：赶尸）、神功巫术
3	2005	《土风苗韵》	祈福篇（梯玛舞、茅古斯舞等）、风情篇、婚俗篇（哭嫁、骂媒等）
4	2008	《武陵魂·梯玛神歌》	神之殇、神之韵、神之怆、神之天堂
5	2009	《天门狐仙》	狐王选妃、仙山奇遇、月夜相思、背叛旋风、千年守望
6	2011	《魅力张家界》	虎王开篇、万年山、千秋水、女儿花（西兰卡普）、英雄血（含赶尸）
7	2011	《西兰卡普》	白果花开的梦、吊脚楼下情事、织锦机旁风波、为了爱的纪念
8	2011	《印象张家界》	远古张家界（含茅古斯舞）、风情张家界（含女儿会）、神秘张家界（含赶尸）、浪漫张家界（含哭嫁）
9	2014	《烟雨张家界》	走进大山、迎宾酒歌、织锦姑娘、棒棒捶在岩石上、挤油尖、天沐、爱在山水间、椎牛、缠头帕、婚礼、亮彩
10	2015	《梦里张家界》	涅槃·天门山开、盛世·土司王朝、血雨·永定东南（含赶尸）、缠绵·张家界顶、蹁跹·高山流水

除了张家界外，丽江旅游演艺市场同样存在着节目明显雷同的现象，在其9台旅游演艺中，纳西族歌舞、茶马古道、东巴文化、雪山文化、木府文化分别出现9次、3次、3次、3次、3次（见表3-5）。另外，儿寨沟、西安、桂林、景洪等地旅游演艺节目同样存在较高的相似度。

表3-5　丽江旅游演艺雷同现象统计

序号	推出年份	旅游演艺	主要节目内容
1	1998	《纳西古乐》	纳西族古乐表演
2	1998	《东巴乐舞》	纳西族东巴乐舞表演
3	2002	《丽水金沙》	序（含东巴文字）、水（傣族）、山（纳西、傈僳族、藏族等）情（纳西族摩梭人走婚文化）
4	2002	《木府古宴秀》	南诏国宴、远古传说、民族风情（含纳西、傣、佤、白、彝）服饰表演（含纳西、傣、佤、白、彝）
5	2006	《印象·丽江》（雪山篇）	古道马帮、对酒雪山、天上人间、打跳组歌、鼓舞祭天、祈福仪式
6	2007	《鲁般鲁饶》	纳西族音乐
7	2011	《纳西印象》	东巴大祭天、白沙细乐、纳西民间歌舞
8	2012	《彩云飞歌》	迎宾舞（傈僳、傣、彝、佤、藏族）、茶马古道、纳西歌曲、白傣纳（摩梭）民族歌舞、云南风情、玉龙雪山
9	2014	《丽江千古情》	泸沽女儿国、马帮传奇、木府辉煌、玉龙第三国、寻找香巴拉

（二）形式上雷同

形式上的雷同主要体现在旅游演艺舞台的艺术类别以及舞台效果上。以《印象·刘三姐》为例，它是我国第一个大型实景类演出，它彻底改变了原有的旅游演艺的表现形式。其形式不管在任何方面都不同于全国任意一个艺术表演剧场，因此在当年引发了一定的轰动，也吸引了无数的游客前往观赏。《印象·刘三姐》的成功也说明了一个道理：旅游演艺产业的发展不仅要依托于当地的文化，而且要对文化与艺术的表演形式进行创新，只有在创新中发展，才能真正地占据市场主导地位，进而形成可持续发展的稳固道路。由于《印象·刘三姐》

的爆红，各种以印象为系列的旅游演艺剧场开始涌现出来，它们大部分都是以模仿为主，在灯光与舞台效果上都是模仿《印象·刘三姐》。因此，这些剧场在后续的发展中，也因为创意不足、模仿过多而饱受争议。

（三）模式上雷同

模式上的雷同主要体现在旅游演艺产业的发展已经进入相对饱和的阶段，无论是在舞台表演形式还是整体的运营模式上，都已经形成了一个固定的体系。旅游演艺剧场向大规模发展之后就会追求大场面。但是在这样的发展过程中，往往会弱化文化内涵，因此涌现出了很多低内涵的表演模式，甚至有些剧场为了营造出大场面，采用人海战术，依靠大量的表演者来烘托舞台氛围，看似整个舞台非常震撼，实则没有任何文化内涵气息。

以上问题是很多旅游艺术表演项目所共有的，这种雷同化的现象已经使广大游客的审美感到疲劳。有很多游客在全国各地游山玩水，当他们来到一个新的环境下观看到的演出，如果之前在其他地区就看到过，那么无疑会使他们感到失望。

四、高额化投资

在我国，有很多地区的旅游演艺产业已经成了各个地区发展的旗帜。在这些旗帜的带动下，旅游演艺产业从规模上得到了空前的扩大，而且在吸引游客方面也有了更多的方法和手段。在政府宏观的政策调控下，旅游行业的发展已经跟企业挂钩，有很多旅游景点都是依靠企业的投资来进行运营的。高额的投资也存在着一些好处与弊端。旅游业的发展需要依托大量的金融资本来对旅游景点进行合理的规划，以及创设出更多能够吸引游客的项目。但是我国旅游演艺产业在一个新地区发展时，势必会有一些投资者想要加入，在进行高额投资后，很多企业会采取一些冲动性的建设行为。他们往往会认为可以利用这些资金创造出一些大场面或者是大舞台来吸引观众，而不是利用资金来升华自己的内在文化条件。因此，旅游演艺剧场一定要结合空间与市场等多方面的条件进行创设。结合全国390个旅游演艺项目的情况，可以总结出很多的经营经验与管理经验。但是由于商业保密的原因，人们无法了解其细节，这些细节需要运营者在日常的经营与管理中及时总结，以便为日后的发展做出统筹规划。

如图3-2所示，旅游演艺项目的高额投资现象在2008年以后表现得较为明显。

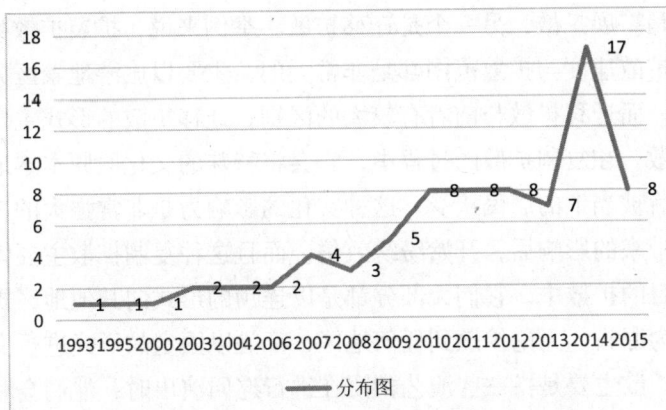

图 3-2　投资额超过 1 亿元旅游演艺项目年度分布

在旅游演艺产业的发展中，其与企业之间的合作有两种情况：一种是与非传统旅游企业合作；一种是与传统旅游企业合作，而高额投资的现象主要体现在与非传统旅游企业的合作中，这些企业资金实力非常强，但是其对整体旅游业的发展了解不多，缺乏投资经验，而且他们大部分认为旅游业可以通过高投资而获得高回报。也正是由于这样的弊端，在企业稳定转型的过程中，投资者没有对市场进行深入的研究，容易被旅游行业发展的大好前景所迷惑，在投资方面具有一定的盲目性，从而导致投资的低效和失败。

第四节　中国旅游演艺的空间扩散模式

文化在空间上的扩散是一种良好的趋势，因为在扩散的过程中，文化会得到宣传，从而使得当地的特色文化被更多人所知。此外，文化在源源不断向外扩散的过程中，也会形成一些新的文化现象和新的理念，对于这些新文化我们也要虚心接受，取其精华，弃其糟粕。随着传播的进行，文化占据的空间会越来越大，其不仅是在空间上实现了扩散，而且呈现出一种持续性发展的姿态。

一种文化之所以能够呈现出扩散的趋势，主要有以下两方面的原因：一方面，这种文化在发源地就被广大人民群众所需要；另一方面，这种文化在扩散的过程中，能够与其他地区的传统文化相结合，不会产生很大的冲突。总体来说就是，文化之间的适应与融合在扩散过程中得以实现。这种文化现象同样适用于旅游演艺产业的发展，它在发展的过程中同样具有空间扩散的现象。笔者研究了全国各地的旅游演艺项目，在空间扩散的特殊性方面提出了一个扩散模型，如图 3-3 所示。也就是说，旅游演艺项目在空间的扩散上主要表现为两种形式：一个是扩展扩散，另一个是迁移扩散。举例来说，扩展扩散类似于传染扩散，它的扩散速度与扩散范围都是非常大的，主要以旅游地景区为原点向周边进行扩散。而迁移扩散与前者有较大的区别，迁移扩散的形式主要是复制扩散与移动扩散。在复制扩散的过程中，它会将特殊的文化原原本本地传播到各个地区，然后被当地的居民接受。这种文化的影响力是非常强大的，人们在看到这种文化带来的影响后，开始纷纷效仿。而且这种复制扩散主要体现在品牌旅游演艺项目的扩散中，它们大部分都是以连锁的形式向其他地区扩散，并以第一个品牌为源头，无论扩散到任何地区，都是以固定的形式进行文化传播。文化的移动扩散主要是指一些演艺剧团在进行巡回演出时，他们会利用淡季和旺季在不同的地区进行短暂的驻扎。

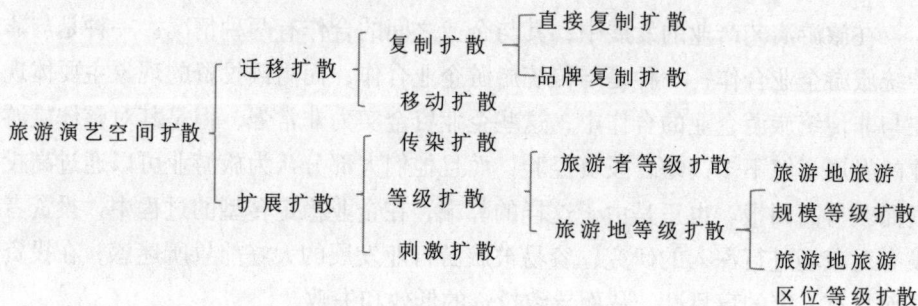

图 3-3　旅游演艺空间扩散模型

一、迁移扩散

迁移扩散主要是指具有某一种特殊文化现象的人或者群体，在整体迁移的过程中会将原本的文化带过来。一般而言，这种迁移的特点是距离相对较远，而且迁移的地区文化与发源地文化大不相同。

（一）复制扩散

文化的复制扩散主要依托的是一个企业的品牌，这个企业往往以其影响力与知名度对文化进行复制。以德云社为例，它具有很高的知名度，也有着很多的受众人群，粉丝也相当多。依靠这种独有的市场，其在创建分公司的时候就可以完全进行复制，以固定的表演形式与经营管理模式进行文化扩散，这就是一种复制扩散。

1. 直接复制扩散

旅游演艺的直接复制扩散，是指旅游业根据产业扩张的特点和企业对利润的追求，发展到一定程度后，利用从旅游服务中获得的市场认知度和品牌形象，在与旅游表演所表达的文化密切相关的地区推出新的旅游表演项目。新、老项目同属原旅游演艺公司，实行统一管理、节目共享和演员交流。旅游演艺新、老项目唯一的区别就是演出地点不同。旅游服务的直接复制和扩散，突出了旅游服务公司管理水平。所有旅游服务具有相同的名称、节目、演员和形象，并具有稳定的品牌形象（见图3-4）。

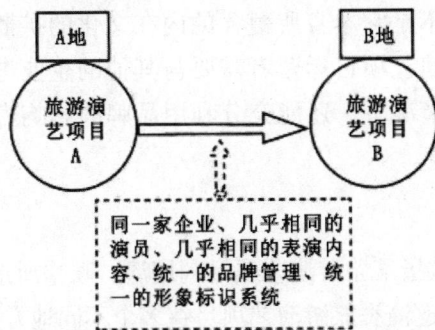

图3-4 旅游演艺直接复制扩散模型图

旅游演艺直接复制扩散的主要代表有《刘老根大舞台》《德云社相声大会》等，它们利用自身所形成的知名度和影响力直接在异地推出内容和形式都较为一致的旅游演艺项目，甚至表演演员也在各旅游演艺节目中不断轮流出现。

2. 品牌复制扩散

在旅游演艺产业的发展过程中，每当一个企业粗具规模或者具有一定影响力后，就会形成品牌，在形成品牌之后就会创设其他的分公司，创设分公司的过程，就是在进行品牌复制扩散（见图3-5）。

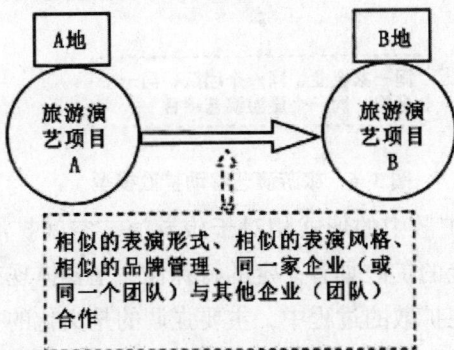

图3-5 旅游演艺品牌复制扩散

旅游演艺项目中的复制扩散强调的是品牌扩散，而不是表演形式与表演艺术的直接扩散。这种扩散主要是大众能够接受的品牌。而且在这样的品牌下的产品，一般会有一定的大品牌基础，在表演形式与表演内容上会与品牌有一定的联系。根据对现有市场的调研，我们可以看出旅游演艺项目在复制扩散的过程中，往往会在表演形式以及表演风格上有很多的相似点，但是也存在着许多的不同点，在科技运用与文化宣传上，很多旅游演艺项目会结合当地的特有文化。也就是说，文化的复制扩散仅仅是把旅游演艺产业的品牌文化进行了扩散，而不是它本身所蕴含的内在文化的扩散。而且在文化的复制扩散过程中，旅游演艺项目运营者需要与其他的企业进行深入合作，保证自己在品牌不受损的情况下，还能充分利用品牌的影响力推动文化复制地区的文化发展与经济收益。

（二）移动扩散

旅游演艺移动扩散指某旅游演艺项目利用淡、旺季所形成的空闲时间到异地进行短暂演出，或某巡演类旅游演艺项目在多个不同地方的持续巡回演出（见图3-6）。基于旅游演艺项目的品牌影响力或演员知名度，旅游演艺移动扩散在旅游演艺表演期间一般会得到表演所在地的较大关注，甚至会对表演所在地文化产生一定影响，但由于其暂时性，这种影响在其离开而没有后续文化源补给时会迅速减弱直至消失，总体上呈现出"昙花一现"现象。

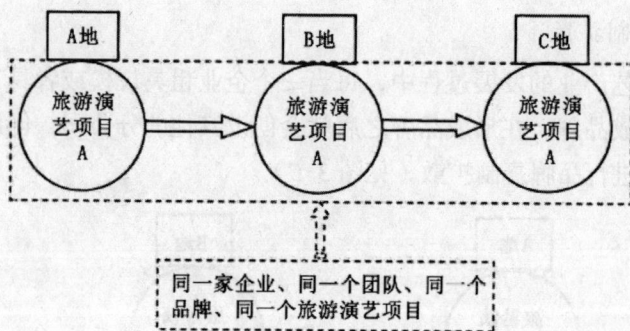

图3-6 旅游演艺移动扩散模型

传统文化在空间扩散中的形式相对于旅游演艺空间扩散来说是不同的，旅游演艺项目在空间上的扩散具有一定的特殊性，主要体现在以下几个方面。首先，旅游演艺项目在扩散的过程中，主要强调的是文化的扩散性，同时也比较注重表演形式的扩散，或者说是表演实体的扩散。出现这样的形式，主要是因为旅游演艺产品依托的是当地少数民族的独有文化，也正是因为这些独有的文化，这种旅游演艺项目才能够在市场上得以生存，可以说这些文化就是旅游演艺项目存活于市场的主要依托。其次，表演实体进行扩散的第一点是表演形式的扩散。因为文化的特殊性，其在表演形式上也具有　定的局限性，有的能与现代化的科学技术相结合，而有的就不能完美结合，因此需要实体进行扩散。第二点是旅游演艺产业的空间扩散，包括主体扩散和客体扩散。旅游演艺艺术主要以文化为基础，在传播的过程中宣传特色文化，同时演艺项目与演艺文化要想得到整个广大人民群众的支持与接纳，是需要一定的时间的，其在扩散的过程中可以从高文化层次与高经济实力上，向普通文化层次和普通经济实力进行扩散。第三点是空间扩散，具有创造性扩散和复制性扩散两种形式，在旅游演艺产业的发展中，无论是什么形式的扩散创意，永远都是占主导地位的，在扩散过程中只要到了一个陌生的地区，就要结合当地的文化与当地人民群众所能接受的程度进行一些适当的改革创新，以适应当地的文化发展。复制性扩散主要体现在一些较大的品牌上，依靠它的影响力进行连锁式经营。第四点是旅游演艺项目的空间扩散，具体包含两种：一种是产品品牌的扩散；另一种是表演者人才品牌的扩散。在旅游演艺产业的发展中，涌现出了很多的艺术表演者的品牌。因此在扩散的过程中，项目的品牌是大的方面，而表演者的品牌可以作为内在的东西进行扩散，通过品牌的影响以及市场价值得到行业的认可。

二、扩展扩散

（一）传染扩散

传染扩散主要是指某种文化现象在扩散的过程中，被当地的人民群众接受并应用到自己的生活实践中。如果这种文化在宣传的过程中得到了很大的共鸣，引起了潮流，那么这种文化在扩散过程中就会呈现出传染扩散的趋势。这种扩散主要依托于当地的人员流动与人员交流，如果文化能够得到人们的广泛关注，那么在日常的生活与工作中，这种文化会在他们之间大范围地进行快速扩散，随着人员的流动与人员之间的交流。这样的传播无疑是短距离中效率最高的。而且，这种扩散形式会以点带面、由局部带动全部。随着时间的增长，扩散的速度会成倍地增加。传染扩散的形式主要依托的是人员流动与人员的交流，其次这种扩散还可以依托于媒体，通过电视、广播和网络等手段进行传播。在当今社会，网络影响着人们生活的方方面面，越来越多的人学会在网上冲浪，而且能够从中得到身心方面的消遣，借助这一趋势，文化也可以利用网络进行扩散，同样能够引起很大的轰动与影响力。

这种受某一或某些旅游演艺项目成功的刺激，旅游演艺产业在全国范围内的全面扩散属于典型的传染扩散现象。但现代媒体的"零距离"通达性使旅游演艺在传染扩散过程中又不再局限于传统文化扩散所要求的边界，其扩散具有明显的迅捷性，甚至不存在时间差。

（二）刺激扩散

刺激扩散主要是指文化在扩散的过程中，主要注重内在而忽略表面，文化现象在一个地区无法存在时需要进行一定的改革才能适应当地文化的发展。在空间扩散的过程中，旅游演艺项目也要结合当地情况进行实时的改进与改革。

很多旅游演艺产业的发展都表现出来了刺激扩散的现象。以《印象·刘三姐》为例，《印象·刘三姐》不仅为我国的演艺产业开创了实景演出的先河，而且带来了明显的刺激扩散现象，它带动了全国旅游演艺产业的发展。《印象·刘三姐》能够在当地发展得如此之好，主要依托于其进行的创新。

实景类的演出依托的就是当地的风土人情与纯天然的一些条件，再加上旅游局的支持以及当地企业、外地企业的投资。随后，各类实景演出在各个地区相继推出，表演形式上更是多彩多样，但无论是什么样的表演都受当地条件的制约，必须满足当地人们的需求。而现代化的发展带来了更高科技的产品，比如裸眼 3D 技术与 5D 实景互动演出等。这些多种多样形式的出现，主要是因为创新能力的提升，这些创新都是基于时代的发展以及当地人们的需求而进行的。在旅游演艺产业中一直存在的一项是歌舞类表演。歌舞类表演一直是广受追捧的，但是在刺激扩散的过程中，歌舞类表演也要完全适应当地的文化需求，在宣传自己文化的同时还应结合当地的文化，让当地人感受到二者文化的融合以及相互碰撞带来的美感。

旅游演艺产业的刺激扩散并不完全表现为某旅游演艺项目或某旅游演艺类别不能在他地完全存在；相反，很多情况下，旅游演艺项目在他地的发展也有诸多成功的案例，但为了更好地推动旅游演艺产业的发展，或能更好地突出某地文化特色，或能更好地增强其旅游演艺产业的生命力，编创团队与投资者对旅游演艺项目会进行创新性改造或调整，这既是旅游演艺产业发展的正常现象，也是旅游演艺产业刺激扩散得以实现的正常路径。

（三）等级扩散

传统文化扩散理论的等级扩散是指某种文化现象的传播，或接受该文化现象的人在空间或人群等方面存在一定的等级关系，这种等级关系并不是严格地限定在上下等级的狭隘层面，而是普遍存在于相对等级联系的群体或空间层面，如文化层次不同的人群间、对新鲜事物接受快慢程度不同的人群间、不同规模的城市间、旅游资源富集程度不同的景区间,等等。当年计算机在我国的传播普及过程就属于典型的等级扩散现象,即先由科技人员从国外习得计算机技术,后逐渐在大城市先获得推广,然后深入中小城市;同时,计算机进入国内后一般是先在科研院所及工作场合使用,后慢慢成为城市家庭的标配,现在计算机已经在乡村得到广泛普及。

旅游演艺作为典型的文化现象,其在不断发展过程中也存在着一定的等级扩散现象。根据等级扩散表现不同,旅游演艺产业的等级扩散可以分为旅游地等级扩散和旅游者等级扩散两种情况。

1. 旅游地等级扩散

旅游演艺产业的发展还呈现出旅游地等级扩散的现象。根据旅游景点所在的地区与周边情况,本书对旅游地划分出了一定的等级。以省会城市为例,省会城市的等级相对来说是比较高的,因此一般的旅游景点会优先出现在省会周边的地区或者一些直辖市周边。因为省会城市的面积和发展程度相较于其他地级市处于领先地位,因此其不管是人口流动性还是人们的生活需求,相较于地级市而言更大,所以在这样的城市周边的旅游景点会更加受欢迎,发展速度也更快。而在一些地级市,因为其发展情况与影响力等方面不如省会与直辖市,因此在旅游业的投资和发展上也落后于那些大城市。

旅游演艺的旅游地等级扩散具体表现为旅游地旅游规模等级扩散和旅游地旅游区位等级扩散这两个方面。

(1)旅游地旅游规模等级扩散。在旅游景点所在地区也进行着规模等级扩散,其主要根据游客流量与旅游地产品品质。不同发展规模的旅游地,能够接纳的游客数量也是不同的,而且它们进行的旅游演艺表演的层次也更分明。一般情况下,旅游发展过程中相关的配套设施会进一步地完善,因为它将会成为旅游演艺剧场选址的重要考量标准,而那些旅游配套设施完备的地区会成为旅游演艺剧场优先考虑的选址地区。

我国旅游演艺产业先是从西安、丽江、北京、深圳、杭州、成都等旅游发展较早且旅游发展规模较大的城市不断向张家界、九寨沟、桂林、承德、凤凰等地扩散,再向昆明、大理、郑州、开封、三亚、恩施州等地推进,这种层次性体现出旅游演艺项目在选址时会甄别旅游地的旅游发展规模等级,一步步从旅游发展规模较好的老牌旅游地向后续发展起来的新兴旅游地推进。同时,旅游地旅游等级扩散还体现在某旅游演艺品牌或旅游演艺企业的旅游演艺项目的选址方面。例如，"印象"品牌旅游演艺从《印象·刘三姐》的桂林阳朔最后至《印象·武隆》的重庆武隆，同样反映出了旅游地旅游规模等级的层次性。

（2）旅游地旅游区位等级扩散。旅游业是一种经济事业，而旅游区位的选择也是一种经济行为。旅游区位是旅游地理学研究的重要内容之一，同时也是旅游经济学研究的重要课题。旅游区位强调某一旅游地与其他地区的空间相互关系，涉及交通、空间感知等方面，主要关注旅游客源地、目的地和旅游交通的空间格局。地域组织形式的相互关系以及旅游场所位置与经济效益的关系，需要从联结程度和等级层次这两个方面进行理解。很显然，旅游地之间由于条件不同存在着一定的旅游区位等级差异，有些旅游地虽然处于偏远地区，经济区位相对较差，但有着良好的旅游区位；同时，有些旅游地尽管地处交通要道，但其旅游区位等级并不能与其交通区位有效匹配。

旅游业作为旅游地的经济支柱，对旅游区位的选择实质上是经济市场的一种行为。而旅游演艺剧场的选址更是以旅游区位作为标准。旅游区位强调的主要是当地的旅游产业与周边地区其他产业之间的相互关系和相互影响，无论是在交通方面还是在客源流动方面都有很多的讲究。区位等级的划分主要根据的是旅游地自身的条件。发达地区的旅游业在发展的过程中拥有得天独厚的区位条件以及源源不断的客流量，而且交通方面相对来说较为便利，相对于比较偏远的旅游区位来说，有很好的发展潜力。例如，旅游演艺项目从各旅游中心城市（西安、北京、深圳、杭州、成都等）向九寨沟、凤凰、平遥、镇江、武夷山、武当山、咸宁、东营等地扩散，前者基本上都是我国旅游发展较早且旅游区位较好的城市，它们也成为第一批旅游演艺项目所在地；后来，随着旅游交通或公共交通改善以及自身旅游资源、旅游形象、旅游营销的有效提升，后者从原有旅游中心城市发展的阴影中突围出来，迅速成长为新的区域中心旅游地，具备了旅游演艺项目的选址条件，从而获得了旅游演艺企业的青睐。

2. 旅游者等级扩散

旅游演艺产业从萌芽、发展到壮大，得益于游客的广泛认可，没有游客的购票消费，任何旅游演艺项目都是空谈。旅游演艺的游客等级扩散是指旅游演艺产业在发展过程中，先被文化层次、消费层次、客源地层次等相对较高的游客接受，然后才逐渐在普通游客中间得到认可。首先，在文化层次方面，一般而言，学识修养层次较高者对文化艺术有着较强的亲切感，其对旅游活动的选择也会更快跨越观光旅游而向文化深度旅游转变，旅游演艺项目便能够适应高文化层次游客的客观旅游需求。其次，在消费层次方面，旅游演艺项目由于前期投资巨大且后期设备维护成本居高不下，旅游演艺企业必须通过高票价来快速收回成本并实现盈利。旅游演艺项目通过在较高文化层次、较高消费能力、较高客源地层次的游客中形成一定的影响力和知名度，建立稳定的观众市场。当该旅游演艺项目发展到一定阶段，即该旅游演艺与更多游客建立起联系通道时，可以逐渐向其他等级、其他层次的游客进行传播，从而实现旅游演艺项目在更大范围的游客中的扩散。这个过程尽管不直接涉及旅游演艺项目的空间分布，但由于游客来源的差异性，不同旅游地的客源结构也存在较大差别，会间接影响旅游演艺项目的空间选址。

第四章 文旅融合下舞台艺术繁荣的现实路径

本章的主要内容是文旅融合下舞台艺术繁荣的现实路径，主要以湖南省的舞台艺术繁荣的路径为例，从旅游实景路径、场馆演出路径、演艺节庆路径以及名剧名家路径这四个大方面进行探究，期待能由点及面深入探究文旅融合下舞台艺术的发展路径。

第一节 旅游实景路径

一、实景演出的内部特点

（一）故事性

从创作角度分析，和传统的故事文本相比，作家以特定的文字形式带给读者阅读的审美快感，而实景演出则带给观众视觉和听觉的美妙感受。在作家的故事文本中，实景演出的导演进一步加入了自己创造性的想法，在故事文本和实景演出舞台间能够形成一个极富有情感因素的张力。而在演出现场，编导们又通过光线、色彩、画面构图等元素对演出现场进行创造性的把控，形成极富现场感染力的画面语言。所有的舞台设计、灯光背景、音乐音响、舞台活动等都要以展现的故事主题为依据，而成功的关键在于凸显实景演出"文化故事化"的特征。将文化元素以演出的手法去呈现，同时需要与当地的民俗、民风进行结合，而这种自然景观与人文景观相融合的方式，不仅是一种文化的重构和历史的再现，更是一种文化的传承，体现了传统文化的主观性及其精髓。作为从西方歌剧演变而来的实景演出，其在我国的发展也经历了一个本土化的"转变"过程，其中，"体现民族文化的主题取向"原则指出，表演应注重文化主题和审美品格的体现，即根据我们民族的价值观、思维方式和审美情趣进行选择、发现、阐释和转化，而这种"改造"的创作过程，注定要越来越注重对满足我们文化需要的部分的保存，必须剔除不符合我们审美观念的部分，强化与地方义化主题相关的表演部分，最后，根据我们的价值取向、思维方式和审美观念，对现场表演进行修改。其目的是创造一种能够在当地传播的先进文化，同时在现场展示一种人性化的表演。此外，现场表演还可以让社会群体看到、思考和体验，传播通过演出来体现的多种文化符号。而这种从一个人到另一个人、从一个群体到另一个群体的传播方式，就是公众的社会化过程，同时也满足了游客追求真实文化体验的心理动机。

（二）情境性

实景演出在有限的时间内，以具体某一历史时期的人物为中心，以主人公一生中最具有代表性的经历为故事情节进行演绎，演出内容按照人物经历划分为几个板块，"取其重点而非全盘展现"，这是实景演出与电视剧、电影的最大不同之处。实景演出更强调对经典片段的真实再现，如《长恨歌》中的"贵妃醉酒"片段，展现在众宫女的服侍下，杨贵妃醉态的千娇百媚，和京剧《贵妃醉酒》中梅兰芳大师的表演十分相似。实景演出用舞剧的形式在"李杨爱情"的见证地华清池将二人相遇、相识、相知、别离的过程完美表现出来，也使本节片段成为剧情的高潮和最大亮点。

（三）对受众来说意义重大

实景演出场地基本都设置在旅游景区内，以现实山水为背景，通过文化内涵的发掘和故事情节的演绎来传播、传承最先进的民族优秀文化，这是实景演出的传播理念，而观众的评价直接决定了传播民族传统文化的"新载体"，即实景演出的传播效果，作为传播者的实景演出的观众，对这一新载体的发展前途起着至关重要的作用。

二、实景演出的外部特点

（一）地域性

查尔斯·皮尔斯（Charles Peirce）的符号学指出，现实世界中的图像、标志等具有象征意义的事物都可以称为"符号"。符号作用与人的意识可以产生新的发展变化过程：从感情符号到逻辑符号，再从逻辑符号到理性符号，这就是人类对现实事物的认知过程。皮尔斯将符号解释为符号对象、符号形体、符号解释，这便是符号学的"三元理论"。符号对象是指符号形体所代表的某一事物；符号形体是指某一方面或以某种能力代表某种事物的东西；符号解释即符号使用者向符号形体传达的关于符号对象的意义和信息。在这三者中，客体对象是符号的成因，解释项则是符号形体的意义。下面我们以"苹果"品牌（Apple）的产品为例来了解现实中的人类认知过程。"苹果"的 LOGO 标志是其产品的代表，具备了符号的象征意义，它是由人作为客体对象设计和使用的，因此"人"的参与是苹果 LOGO 这一符号的成因。符号的解释项即苹果 LOGO 符号作为产品标识的象征意义，体现出品牌拒绝神化电子产品、力图打造贴近生活但又不拘泥于传统的产品特性。在符号产生和意义生成的过程中，作为客体对象的"人"的作用最为重要，去掉了"人"的意识作用，任何符号形体都将会失去存在或成立的前提。皮尔斯符号学的研究范围并不局限于语言学的范畴，而是囊括了世界上一切事物的意指作用，它的突出特点是研究人的认知过程，从经验的产生到逻辑思维，再从感性认识到理性认识，等等。利用皮尔斯的符号学理论分析大众传播现象，媒介所负载的信息洪流更依赖于信息符号的传播，从而引导受众和媒介建立一种相互依赖的关系。

（二）开放性

我们研究人，研究他们之间怎么样相互影响和受影响、告知与被告知、教育人和被别人教、娱乐和被娱乐。要了解人类信息的传播，必须首先了解人类是怎么样相互建立联系的。其次还要了解在传播的过程中，受众彼此间如何建立起一种正确、合理、科学的传播方式。作为大众传播过程中的一对矛盾体，传播者和受众的关系如何直接影响并决定着传播效果。实景演出是一种以自然山水等真实景观为演出背景，以当地传统文化与民风、民俗为演出内容，并融合商业界、演艺界大师为创作团队的独特文化模式，是我国旅游业向人文旅游转型下的特殊产物。这种模式的演出场地往往位于旅游城市的特色景区内，具备一定的开放性特征，其消费群体来自社会各个阶层，数量众多且分布广泛。实景演出除了场地具有"开放性"的特征外，演出过程中观众与演员的互动交流、信息符号的传播方式也是开放式的，这对整个文化传播都具有重要意义。

（三）科技性

美国学者弗雷德里克·杰姆逊（Fredric Jameson）将现代化的生活称为一种"科技性"的生活方式。同样，美国学者海登·怀特（Hayden White）认为，作为人类生存方式的文化大系统是由居于结构底层的技术系统、居于中层的社会系统和居于结构上层的观念系统这三个亚系统组成，这些不同的层次表明了三者在文化过程中具有各自不同的作用：技术系统是最本质和首要的，社会系统展示了技术的功能，而观念系统在表现技术力量的同时又反映了社会系统。

因此，技术因素是整个文化系统发展的决定性因素。对于大众传播来说，技术的推动性力量是不容忽视的：首先，媒介的生产管理是由传统的手工业作坊向标准化、流程化方向发展，市场经营由简单的买卖关系向组合式营销发展，科学技术为媒介的运营提供了保障；其次，科学技术的发明应用催生了新的媒介，从而改变了传媒格局，成为国家生产力水平的衡量因素之一；再次，传媒科技的发展为从业人员提供了更为广阔的施展空间，科技手段的包装运用也在各类媒体间展开了一场综合实力的较量，先进的科技是传播媒介在激烈竞争中取胜的关键法宝。

科学技术在推动民族传统文化进程中有着举足轻重的作用，实景演出就是运用高科技手段的典型媒介代表。它立足于传统历史文化背景，以现代化的方式进行演出。由于需要在有限时间内展现完整而丰满的故事情节，实景演出并没有像传统演出那样具备各色人物和配角、分场次而多对话，而是融合当地文化特色，以歌舞、戏剧或情景剧等方式表现主题。在语言信息量较少的情况下，非语言符号就显得尤为重要，无论是道具还是灯光、舞美，科技手段的独到作用在此时便能展现得淋漓尽致。科技手法的多样性结合演员多元民俗风的演艺手法，也是实景演出的发展趋向。例如，《大宋·东京梦华》通过现代化的布景、灯光、服装、道具等展现了宋代的生活面貌，用高科技的灯光和烟雾效果创造出"时间推移"的时空变幻效果，反映了北宋东京从繁华逐渐走向衰败的历史过程。在科技手段的效果下和台上演员的肢体语言中，观众能够身临其境般地体会到历史的沉浮：在视觉上，观众欣赏到的是一种现代科技与传统民族风带来的冲击；在听觉上，观众感受到的是实景剧场环绕立体声的古典乐和诗词朗诵；在情感上，观众体会到的是对民俗风情和"时空穿越"的现实体验。

三、旅游实景演艺的作用及发展路径

作为旅游演艺项目重要形式的实景演出是一种新型的艺术演出模式，是近年来各地开发的旅游热点，即利用各地地理风貌、历史名人等资源开展实地大型演出。其特点在于以全景式的自然山水作为舞台，使用现代的声光电技术，并运用舞美制作和大规模的演员阵容来展现当地特色文化，是一种全新的、震撼的艺术体验。实景演出位于景区之内，游客人数多，能够与景区或旅游线路形成互补，为游客提供了附加值更高的旅游体验，游客通过观赏这些演出能够看到各地的文化形态还有与自身的文化差异，这也正是游客喜欢这类演出的原因。世界上第一部大型景观歌剧是 1986 年在埃及金字塔和狮身人面像前，以威尔第为母本创作的大型歌剧《阿依达》。我国真正意义上的第一部大型实景

演出，是 2004 年 3 月 20 日由梅帅元制作，张艺谋、王潮歌、樊跃三人联手在桂林阳朔漓江上打造的《印象·刘三姐》，该演出利用阳朔美丽的自然景观，配以美轮美奂的灯光进行表演，精妙无比。《印象·刘三姐》自 2004 年公演至 2013 年，始终保持年均 400 场、场均 2 000 人的稳定势头，缴纳各项税费近 2 亿元，接待游客 1 170.8 万人，显著提高了当地的旅游收入，增加了就业岗位，不仅促进了当地产业结构的调整和升级，还促进了县域经济的发展。相类似的实景演艺剧目《宋城千古情》已演出二十余载，超过 1.6 万余场次，观众达 5 000 万人次；《云南印象》已不仅仅是一场演艺节目，也在逐渐发展成为一个品牌，带动了《云南印象》主题餐厅、品牌服装等产业的发展；《又见平遥》大型实景演出，通过室内演出形式，把平遥古城的元素和演出有机地融合在一起，再现了平遥人的道德传统及因为这种传统而生发的悲壮情怀，已成为平遥一张重要名片，提升了该城市的文化影响力。随着旅游演艺观众数量的日益增多，旅游演出的市场需求日益增长。道略咨询发布的《2017—2018 年度中国旅游演艺行业研究报告》显示，2017 年，我国旅游演出市场十分火爆，共演出剧目 268 台，同比增长 5.5%；演出场次达 85 753 场，同比增长 19%；票房达 51 亿元，增长 20%；观众达 6 821.2 万人次，同比增长 26.5%。这些成功的实景演出不仅扩大了景区知名度和影响力，还给景区带来经济效益，同时也让观众通过实景演出更加深入地了解了历史文化、地域文化，不仅可以有效宣传景区形象，对于弘扬社会主义核心价值观、增强文化自信也具有积极作用。

因旅游实景演艺的积极作用，2019 年 3 月，文化和旅游部出台了《关于促进旅游演艺发展的指导意见》，加大了对旅游演艺的引导和促进力度。近年来，湖南省也涌现出一批别具特色的实景演出项目，有位于韶山、在国内首度使用中国版图舞台设计、多舞台呈现、多视角的复杂演出模式的大型革命历史剧《中国出了个毛泽东》，该剧以毛泽东同志为中国革命立下的丰功伟绩为线索，用六个篇章将毛泽东走出韶山后开始救亡启蒙、领导秋收起义，并将长征、抗日战争、渡江战役、建国等众多事件有机整合串联，从不同方面展现了伟人风采；有地处常德，首个以溪流为场地、乘船漫游式大型实景演出的《桃花源记》，独特的"河流剧场"上十多处让观众美醉的场景，被"剪辑"成 90 分钟通向观众心灵深处的"桃源秘境"光影之路；位于张家界天门山景区的《天门狐仙》剧场，则是一场超震撼的山水实景魔幻音乐剧，当游客置身于剧场，眼前便是一个深不见底的峡谷，主舞台就与这奇峰、峡谷、森林、流瀑融为一体，形成了世界唯一的一座高山峡谷大舞台；《魅力湘西》向观众展示了激情洋溢的美丽爱情与瑶族特色的爬楼求爱方式，以及白族优美的民歌、人类最原始的茅古斯舞、被称为"中国狂欢节"的合拢宴、土家族的"女儿会"、哭嫁、湘西赶尸等极具民族特色的表演；其他取材自沈从文小说《边城》的《烟雨凤凰》，以郴州本土民间故事"苏仙传奇"为主线改编的《飞天·苏仙》以及长沙首台大型田园实景演出《浏阳河上》等，都是融合了当地文化特色与风俗民情的大型演出。

可以看到，湖南省对实景演出逐渐重视，并投入巨大的人力、物力促进其发展。但是，实景演出不仅在场面上吸引人眼球，作为舞台表演艺术，其表演质量、层次等也应体现出高水准。综观湖南省现有的实景演出，虽结合了当地景观与民俗，但在演出的艺术性方面有待提高。目前的实景演出，演员多为群众演员，表演艺术性亟待提升，如果能够加以改进，定会成为具有标志性的视觉盛宴，在游客中树立良好的口碑。可以说，在文旅大发展、大融合的新时代，实景演出必将成为文旅深度融合的重要载体。湖南省有众多的旅游城市和旅游胜地，游客基数庞大，对文化旅游中的演出市场需求巨大。尽管大大小小的演出已经让观众应接不暇，但演出市场真正的优秀产品还很匮乏，有些大制作、高成本的演出，甚至连一个演出季都撑不过去。相关管理部门和景区运营者应当把握该领域发展的新方向，采取务实的新举措，引导实景演出向健康、有序、高质量的方向发展。

（一）将实景演出纳入全省文旅融合的整体设计体系中

在省级文旅管理部门的统一协调下，市、州各级文化和旅游部门都应抓紧研究制定关于促进文化和旅游融合发展的指导意见，建议将实景演出内容充分纳入指导意见中，提出具体支持举措。同时，在调研基础上，制定出台实景演出发展规划，明确主体功能定位，形成差异化发展的格局。还要进一步修订旅游演艺的服务与管理规范，为旅游演艺产业的健康发展提供规范和指导。

（二）将实景演出纳入各级文旅重点项目支持体系中

针对重点实景演出项目，旅游部门应做到领导责任分包、定期调度、解决问题、推动落地；加大财政资金对实景演出项目的支持力度，充分发挥财政资金的撬动作用，扶持重点实景演出项目；开展招商对接，引进知名旅游演艺企业，打造地标性旅游演艺项目，开展银企对接，解决旅游演艺企业"融资难"等问题。

（三）将实景演出纳入文旅整体形象宣传体系中

旅游部门可将实景演出作为文旅对外宣传的重要内容，与景区、景点打包捆绑，定期在主流核心媒体上宣传；创新宣传方式，搭建新媒体宣传平台，鼓励利用短视频平台、网红达人等有效开展宣传；鼓励实景演出经营企业开发线上线下相结合的销售系统或方法，以提高网络服务水平，实现智能化经营。

综上来看，实景演出作为湖南省未来舞台艺术发展的重要路径，具有巨大的潜能和空间。如前所述，湖南省拥有独特的地理风貌和人文历史环境，除张家界、凤凰古城等国内知名的景点外，岳麓山、岳阳楼、天门山、神农谷、洞庭湖等景点亦别具特点。一方面，各地市倘若以具有代表性的景点为主题，创作相应的舞台艺术表演，在提升各地文化形象和知名度的同时，还会带来诸多附加的经济效益；另一方面，可聘请国内知名或富有经验的导演，提升舞台表演艺术质量，方能打造文旅名片。

第二节　场馆演出路径

场馆演出是指在剧院等专业演艺场馆或者酒吧、商业综合体等多功能场馆举办的现场表演及相关活动。场馆演出的空间形态以城市的文化空间和商业空间为主。场馆演出的旅游吸引力是多元的，包括场馆建筑、演艺节目以及场馆围绕特定演艺主题举行的活动。

首先，在场馆上演的节目对游客非常有吸引力，大型城市的场馆有能力举办高水平的演出而成为演艺爱好者向往的地方。从全世界来看，以美国纽约百老汇为例，相关数据显示，来自世界各地观看演出的游客为该区域带来的收入就超过了该区域总收入的70%。悉尼大剧院是澳大利亚悉尼市的地标性建筑，蜚声国际，每年吸引着世界诸多游客慕名前往。我国的国家大剧院以其精美的造型、高质量的艺术演出，展现出其在旅游与艺术传播方面的双重效应。因此，演艺场馆也是文化旅游开发的重点对象。

湖南省演出场馆剧院众多，这些专业剧院所演出的剧目艺术性强，对观众具有较强的吸引力。例如，田汉大剧院是一座以专业演出为主的现代化剧院，地处长沙市劳动路与芙蓉路的交会处，地理位置十分优越。田汉大剧院分大剧场、音乐厅、田汉纪念厅及艺术走廊、前坪田汉群众文化广场等四个部分。大剧场有1 206个座位，拥有国内一流的16米旋转舞台和四块升降台、全数字化控制的音像灯光设备以及超大型的LED电子屏幕、世界知名的伯恩斯坦钢琴。为了保障艺术精品的完美展示，田汉大剧院特地请清华大学建声学教授按高标准专业演出剧院的要求进行建声设计，混响达1.6秒，并大胆采用石材等装饰方法，科学采用吸音材料，使剧院的声反射达到最佳效果。每晚在大剧场上演的综艺晚会用无比的震撼力，给广大观众以赏心悦目的艺术享受。整台晚会将本土歌厅文化与剧院文化有机结合在一起，既有百老汇的风格，又有法国红磨坊的影子。剧场365天，天天满座，在我国产生了强大的社会影响力，是享誉全国的长沙歌厅文化的代表场所。大剧院是一座多功能的文化建筑，人们在此不仅能欣赏到世界著名的歌剧、芭蕾、交响乐等高雅艺术，也能召开高标准的国际会议，或体验餐饮、购物等休闲活动。

　　湖南省演艺集团是湖南省大型公益性国有文化企业，肩负着让湖南省的演艺唱响全省、领跑中部、蜚声全国、走向世界的光荣使命。该集团由省杂技艺术剧院、省话剧院、省歌舞剧院、湖南交响乐团、湖南大剧院、省演出公司、湖南文化娱乐中心、湖南文化音像出版社、省文化物资公司、省文化艺术培训中心等单位及若干合作机构组成。集团成立以来，推出了包括多媒体民乐剧《九歌》、大型交响合唱音乐会《通道转兵组歌》、话剧《十八洞》等多种艺术形式的作品。集团成立之初，海外演出每年仅有10多场，近几年每年都有100场以上，2018年更是突破200场，遍及全球30多个国家和地区。其中，由湖南省歌舞剧院民族乐团历时半年构思采风，近3个月紧锣密鼓打造的《潇湘水云》是湖南省近年来首场定位于展现湖湘文化的原创民族音乐会。由湖南省歌舞剧院民族乐团名誉指挥，上海民族乐团常任指挥、艺术总监王甫建担任艺术总监，全国优秀新锐作曲家加盟，重新解读湖南省的音乐元素，用民乐述说湖南故事，呈现大美潇湘。《潇湘水云》民族管弦音乐会分为四个篇章：天地吟、江河清、山川韵、日月歌。它以独奏、齐奏、协奏、人声等形式，选取湖湘音乐文化中适合民乐表现的精粹篇章，重新整理创作，将湖南省的自然之美、地域之美、人文之美包罗其中，重在民乐表演的创新呈现和舞美效果的诗意营造，能够使游客感受到湖湘文化的美丽深邃和无穷韵味，展示湖湘大地从古至今的诗意之美和生生不息的魅丽文化。此外，湖南省首台城市风情实景灯光演出秀《梦回穿紫河》也是该集团积极融入市场的体现，其在文化旅游方面取得的重大突破开创了湖南省文化旅游流动舞台实景秀的先河。大型城市中场馆演艺的丰富性和高品质是其他旅游目的地无法比拟的，这是场馆演艺的核心吸引力所在。

　　再如湖南省文化厅直属的省级重点表演艺术团体——湖南省花鼓戏剧院。该剧院以长沙花鼓戏为主体，兼容邵阳花鼓戏、衡阳花鼓戏、岳阳花鼓戏、常德花鼓戏、零陵花鼓戏等五大艺术流派之长，其主要任务是继承、改革和弘扬湖南省的花鼓戏传统，创作人民群众喜闻乐见的新型花鼓戏剧作品，在创作方向、表演风格、队伍建设上为全省花鼓戏表演团体发挥示范作用。该剧院自1953年建立以来，始终坚持学传统、学生活、学科学的表演体系等艺术原则和作风，坚持三并举的原则，形成了深受观众喜爱的"省花路子"，如《打铜锣》《补锅》《三里湾》《喜脉案》《桃花汛》《乾隆判婚》《乡里警察》等优秀剧目闻名遐迩，多次赴京演出并荣获工程奖、文华奖及梅花奖，受到文化部表彰，在戏剧艺术的百花园中，显示出独有的光彩和魅力。

其次，演出场馆本身就是都市旅游的吸引物，如悉尼歌剧院、上海大剧院、世博园、文化产业园区和购物中心等，都是游客频繁到访的城市空间。湖南省长沙梅溪湖国际文化艺术中心就是这样一个地标性建筑。该中心位于国家级长沙湘江新区，总投资 28 亿元，总用地面积 10 万平方米，总建筑面积 12 万平方米，包括 4.8 万平方米的大剧院和 4.5 万平方米的艺术馆两大主体。大剧院由 1 800座的主演出厅和 500 座的多功能小剧场组成，艺术馆由 9 个展厅组成，展厅面积达 1 万平方米，能承接世界一流的大型歌剧、舞剧、交响乐等高雅艺术表演，是湖南省规模最大、功能最全、全国领先、国际一流的国际文化艺术中心，填补了全市和全省高端文化艺术平台的空白。梅溪湖国际文化艺术中心以其时尚的造型、现代化的设施受到媒体的青睐，迅速被国人熟知。梅溪湖国际文化艺术中心坐落于湖南省长沙市，2017 年 9 月 4 日进入正式运营，截至 2019 年 4月，共引进约 345 场演出，接待约 1.5 万名演职人员，吸引 36 万余人次观演。2017 年 9 月 15 日，美国旧金山歌剧院打造的英文版歌剧《红楼梦》在此首演，也拉开了梅溪湖国际文化艺术中心的正式演出大幕。2018 年 8 月 15 日，曾荣获 100 多项国际艺术大奖的俄罗斯舞台剧《斯拉法的下雪秀》在长沙梅溪湖国际文化艺术中心首演。运营两年来，该中心引进了众多顶级的优质剧目，包括美国旧金山歌剧院英文版歌剧《红楼梦》、俄罗斯经典芭蕾舞剧《天鹅湖》、法国戏剧《雪》、意大利歌剧《图兰朵》等。同时，在湖南卫视播出的以真人秀的方式推选出的当今青年歌唱人才的《声入人心》节目，即在梅溪湖国际文化艺术中心录制，其独特的建筑设计、现代化的演出场馆为该节目搭建了一个高规格、高品质的演出舞台，同时，梅溪湖国际文化艺术中心也借助该节目为国人所知，迅速打开了知名度。因此，该艺术中心成为借助传媒开拓影响力的最好示例，也是演出场馆成为文化旅游场所的新型案例。

最后，场馆演艺的主办方也可以举办各类艺术普及和推广活动，这些活动对于游客也具有吸引力。近年来，湖南省文化馆每年推出"雅韵三湘·高雅艺术普及计划"系列演出活动以及传统经典戏曲周、声乐大课堂等系列演出品牌。每年约推出公益演出 300 余场，惠及群众 15 万余人次。这些活动不仅吸引了戏剧、声乐爱好者，也受到普通游客的欢迎。

第三节　演艺节庆路径

演艺节庆是指以特定表演艺术为主题举办的节事活动，如音乐节、戏剧节等。演艺节庆能够在短期内集中展演大量形式各异的表演艺术，是艺术家、爱好者和普通大众的聚会。演艺节庆的最大吸引力在于它汇集了特定艺术领域的节目和表演者，这对于演艺爱好者来说极具吸引力。欧美国家举办演艺节庆活动的传统由来已久，世界知名的音乐节有英国的巴斯国际音乐节、格拉斯顿伯里音乐节、雷丁利兹音乐节，美国的伍德斯托克音乐节、科切拉音乐节、俊杰音乐节，德国的拜鲁伊特音乐节，丹麦的罗斯基勒音乐节及日本东京的夏日超音速音乐节等。这些音乐节各具特色，有着庞大的受众群体。这些音乐节少则两天，多则十几天，每年在音乐节举办之时，都会吸引世界各地狂热乐迷前往。以丹麦罗斯基勒音乐节为例，其每年7月在丹麦首都哥本哈根举办，为期4天。该音乐节拥有7座演出舞台，百余场音乐演出，日接待观众达9万余人。音乐节音乐演出涵盖了摇滚、民谣、电子、说唱、流行、爵士等多种音乐类型，可以满足不同音乐欣赏品味的乐迷需求。同时，音乐节还为前来参加节日的乐迷们安排了诸如观看电影、游泳、球类比赛等丰富多彩的文化活动。

湖南省作为文化传统浓厚的省份，节庆颇多。同时，湖南卫视在各地方卫视中的实力首屈一指，极具影响力，是当今文化娱乐的时尚前沿。因此，湖南省集合了传统与现代元素，在发展演艺节庆方面有着得天独厚的优势。在湖南省目前开展的节庆演艺中，张家界黄龙洞音乐节、芒果音乐节、长沙橘洲音乐节等较为知名。

张家界黄龙洞是张家界武陵源风景名胜中著名的溶洞景点，因享有"世界溶洞奇观""世界溶洞全能冠军""中国最美旅游溶洞"等顶级荣誉而享誉全球，被誉为"亚洲第一奇洞"。如今张家界黄龙洞风景区获得"世界自然遗产""世界地质公园""首批国家4A级旅游区"三项殊荣，更在2005年被评选为"中国最美的旅游溶洞"。黄龙洞音乐节诞生于2016年，是为促进中国音乐艺术的大交流、大发展而专门打造的舞台，每年举办一届，举办地在拥有"世界溶洞全能冠军"美誉的张家界黄龙洞景区。2019年，为纪念新中国成立70周年，以21个世界著名景点为背景，用70架钢琴以快闪的形式共同演奏《我爱你，中国》，为国家献上礼赞和祝福。可以说，黄龙洞每年的音乐节策划都极具创意，也逐渐受到音乐界的重视，吸引了越来越多的游客参与其中。

芒果音乐节源自湖南广播电视台（以下简称"湖南广电"）"芒果品牌"，

是湖南广电集团重点打造的全新娱乐 IP 项目，也是湖南广电旗下首个原创的音乐节品牌。芒果音乐节秉承了湖南广电的娱乐属性，拥有得天独厚的宣传资源和优质的艺人资源。芒果音乐节具有三个亮点。一是水上音乐节。音乐节保留项目"跳水"，并对传统音乐节的门票进行了创新，策划了"一张门票两重收获"，除了能畅享音乐节的各项精彩项目，还能免费畅玩城市海景水上乐园。二是豪华的演艺阵容。作为湖南广电发起的音乐节，芒果音乐节的演艺阵容星光璀璨。拟邀名单涵盖了华语流行乐坛的一线实力唱将。此外，芒果音乐节还邀请了国内外原创乐队助阵，包罗了摇滚、民谣、电子、说唱等多曲风音乐，更是将流行音乐纳入音乐节中，能够为全国各地的乐迷奉献一场精彩的音乐盛会。三是好玩的娱乐体验。音乐节现场设置了超 5 000 平方米的绚丽舞台，还别具匠心地营造热带海滨风情的浪漫氛围。除了魅力四射的音乐狂欢外，主场地的周边还规划有复古集市、机车秀、平面艺术、街头艺术、大城小爱（传统艺术）、独立电影、沙滩排球、电子竞技、帐篷旅馆、美食大街、官方纪念品售卖区等区域。

长沙橘洲音乐节是在长沙橘子洲沙滩游乐园举行的音乐节。全新开放的长沙橘洲沙雕公园，和国内众多音乐节相比，有着天然的地理优势：内陆城市难得一见的沙滩、湘江之畔天然的水上休闲区，给音乐节增添了几分浪漫气息；代表世界顶尖水平的中国乃至亚洲规模最大的沙雕艺术展，更是全国独此一家，任何游客只要有兴趣，都可以"动手动脚"，堆一座属于自己的沙雕，为音乐节赋予了更加丰富的艺术内容，增添了音乐节的趣味性和观赏性。音乐节主办方每年都会邀请来自国内外的著名乐队与音乐人参与。音乐节期间还进行锐舞派对、街拍、快闪、交友区留言交友等各种互动，以及一些随心所欲、自由创意的活动，每一位观众都可以随意发挥，几乎就是把橘子洲搭建成为我国规模最大、设施最丰富的音乐营地。橘洲音乐节自 2009 年开始举办以来，几乎每年一届，影响力越来越大，现在已经成为以华中南地区为中心、辐射全国的最大的户外音乐狂欢派对和全国最令人瞩目的音乐朝圣地，每年举办的时候都能吸引来自全国各地的大批乐迷。

我们应当认识到，湖南省演艺节庆项目有着较大开发空间。以上演艺节庆虽在湖南省有着较大知名度，但放眼全国，其影响力依然较小。因此，如何提升湖南省演艺节庆的认知度，加强宣传力度，同时打造更多、更有品质的全国知名乃至世界知名的演艺节庆是策划者未来所应重点探索的内容。

第四节　名剧名家路径

名剧名家是指以经典节目或著名表演者为主要内容举办的现场表演及相关活动，如莎士比亚经典戏剧在中国的巡演、明星演唱会等。名剧名家对游客的吸引力完全来自剧目或表演者本身。

在戏曲艺术方面，如前所述，湖南省传统戏曲品类多且具特色。作为湖南省最具特色的地方戏曲，花鼓戏形成了以《刘海戏金蟾》《三里湾》《打铜锣》《补锅》《沙家浜》《野鸭洲》《八品官》《喜脉案》《桃花汛》《乡里警察》《老表轶事》《郑培民》《走进阳光》《作田汉子也风流》等为代表的一大批在全国有影响力的优秀剧目，在戏剧艺术的百花园中展示出它特有的光彩和魅力。同时，湖南省也培育了一批戏曲音乐舞蹈名家，左大玢、王永光、刘赵黔、陈少云、张富光、曹汝龙、杨霞、王阳娟、傅艺萍等国家梅花奖、文华奖获得者，都是湖南省戏曲音乐文化的最佳名片。

近年来，我国大力提倡发展传统文化，各地在发扬地方传统艺术方面都在不断探索创新，如河南的豫剧、山东吕剧、福建闽剧等均在演出形式、剧本创作、舞台布置方面求新求变。相关项目的研究人员在走访湖南省花鼓剧院时，看到该剧院在宣传上有着较大投入，请来当地知名的剧本作家、乐队指挥家等为剧目进行量身订制，力图使剧目更为接近当代观众口味。例如，湖南省花鼓戏保护传承中心新近推出的花鼓戏新剧目《蔡坤山耕田》，是一部生动有趣、具有浓郁的地域特色的喜剧作品，它用滑稽、反讽、批判和夸张等艺术化手法，弘扬了主旋律和正能量，引人深思。该剧自 2018 年 4 月 26 日首演以来，已演出40 多场，获得了观众好评。其在获得国家艺术基金资助后，近期又获得国家艺术基金大型舞台剧和作品滚动资助项目评审专家的高度评价，顺利获得国家艺术基金 2019 年大型舞台剧和作品滚动项目资助。该剧有三方面的特点：一是民族风格；二是它的民间趣味；三是它的民本思想。可以说，以"民"为核心，才能贴近群众的立场和品味。立足于剧目创新，可为本省的舞台演出吸引更多的观众，同时也是新型旅游的有效补充途径。

除戏曲艺术之外，湖南省在音乐、戏剧、美术等方面名人辈出。以音乐为例，国内知名的湖南籍音乐家有作曲家谭盾，歌唱家李谷一、宋祖英、雷佳、王丽达、陈思思、刘一祯等。其中，谭盾作为国际知名作曲家，其作品透露着湖南省的传统音乐文化特色和精髓。他所创作的交响乐《女书》，是以世界上仅存的女性文字湖南江永女书为创作灵感，进行了 5 年乡村考察后最终写出的作品。该作品用13个乐章讲述了"女书传奇",包括"母亲的歌""女书村""深巷""女儿河"等,是将湖南省的地方民俗与舞台音乐艺术结合的最佳典范,该作品在世界各地上演。值得一提的是,湖南省灵秀的山水培育出了一批国内一流的声乐歌唱家。王丽达、雷佳等是中国音乐学院率先培养的声乐博士,雷佳曾获得"金钟奖"声乐大赛金奖、青歌赛民族唱法等全国顶尖声乐类比赛金奖。其主唱的《中华56民族之歌》专辑被作为"国礼"赠送给观看北京奥运会的各国政要和使节。同时,她主演的中国歌剧《木兰诗篇》先后在日本、俄罗斯等国成功上演。这些音乐家均是从湖南省走出的人才。湖南籍名家的名作,彰显了湖南省的文化实力,作为以舞台艺术为核心的湖南省文化旅游产业,其影响力和发展潜力不可小觑。因此,应当充分运用湖南籍名家这一资源,通过名家效应促进舞台艺术发展。

总体而言,文化旅游的宗旨是展现地方文化特色。名剧名家不仅能够作为地方文化特色,发扬非物质文化遗产保护的理念和精神,同时也是文旅融合下舞台艺术建设的有效补充路径。

第五章　湖南省旅游演艺产业化案例探究

本章以湖南省旅游演艺产业化为例，主要从湖南省旅游演艺产业的发展现状、湖南省旅游演艺产业发展存在的问题、文旅融合中的湖南省旅游演艺繁荣现实路径和湖南省旅游演艺产业化的创新实践——以张家界景区为例的四个大方面进行探究，期待能使读者深入了解我国旅游演艺产业化的发展路径。

第一节　湖南省旅游演艺产业发展现状

"惟楚有材，于斯为盛。"湖南省的文化在历史的长河中经久不衰，有很多优秀的文化至今还在影响着我们现代人。尼尔·格兰特（Neil Grart）曾经说过："全世界各个民族的风俗文化大多是由古时候的祖先进行的一系列的民俗活动而流传下来的。"因此，现在各民族的表演形式大多是以歌舞为载体，直观地呈现在大众的面前。由此可见，湖南省的演艺活动是经历长时间的继承与创新才保留下来的。东汉人王逸在楚辞章句中有过记载："昔楚国南郢之邑，沅湘之间，其俗信鬼而好祀，其祀，必作歌乐鼓舞以乐诸神。"从这本书中我们可以了解在当时的楚国是有祭神仪式的，而且祭神仪式中需要演奏歌曲，还要伴舞。在祭祀仪式中，女巫穿着鲜艳，身上有很多配饰，加上舞女的舞蹈表演，再配上音乐，这样祭祀仪式就可以顺利进行了。

一、湖南省旅游演艺产业的发展历程

新中国成立以来，湖南省的旅游演艺产业也在发生着变化，从当初的单纯艺术表演演变成现在的艺术与市场的经济结合，再从当时的单一舞台表演形式演变成现在这样丰富的舞台表演形式。这些转变主要可以划分为三个阶段，分别是起步阶段、转型阶段与整合阶段。起步阶段是从建国到改革开放，转型阶段是从改革开放到 2000 年，整合阶段是从 2000 年至今。

（一）起步阶段

从建国到改革开放时期，这30年对于湖南省艺术的发展是起步的30年。从严格意义上讲，这一段时期的湖南省演艺事业发展不能说已经进入了产业化阶段，但是这30年的发展为改革开放后湖南省演艺事业的发展奠定了坚实的基础，是一个非常重要的阶段。这30年的湖南省演艺艺术不能被称为"演艺事业"，因为它还没有形成一个健全的体系，还处在摸索阶段。这一时期湖南省的艺术表演形式主要包括戏曲和戏剧，根据当时的社会政治情况与经济发展情况，其实还可以对这段时期再进行细化，具体就是以1966年和1976年为界限，1966年前是第一个阶段，1966年至1976年是第二个阶段，1976年后又是一个阶段。

1.1966年前的曲折前进

从新中国成立到1966年的这段时期，湖南省演艺事业的发展也并不是一帆风顺的。文艺工作者在曲折中前进，不断地进行摸索。1956年，我国进行了社会主义改造，湖南省也是随着建国而和平解放的省份，湖南省人民政府抓住这个机会进行政权建设，致力于全省的经济发展与精神文明建设。湖南省的文化事业得到了政府的关注，政府先前对湖南省文化事业发展的态度是"维持现状、逐步改进"，改革工作开始后文化事业的发展便步入正确的发展轨道。随着政策的转变，湖南省演艺活动又重新活跃了起来。一直到1963年，省文化局总结了之前的经验教训，采取了"稳定发展、提高质量"的政策方针。在全国人民的共同努力下，湖南省的演艺事业再次繁荣了起来，从1949年到1965年，湖南省的演艺事业与表演团体数量一直保持上升状态，偶尔呈现出下降的趋势（见表5-1、图5-1）。

表5-1　湖南省演艺事业统计

年份	艺术表演团体		艺术表演场所	
	机构	职工数	机构	职工数
1994	53	—	43	—
1950	53	—	55	—
1951	75	—	78	—
1952	90	4 655	87	1 322
1953	108	5 420	127	
1954	113	6 353	115	1 677
1955	111	6 019	115	1 623

年份	艺术表演团体		艺术表演场所	
	机构	职工数	机构	职工数
1956	114	8 900	120	1 346
1957	116	4 670	124	956
1958	118	4 713	126	757
1959	137	6 965	106	481
1960	134	7 614	110	439
1961	135	8 249	116	439
1962	136	8 476	108	556
1963	144	8 512	140	718
1964	143	8 412	132	614
1965	134	6 967	132	534

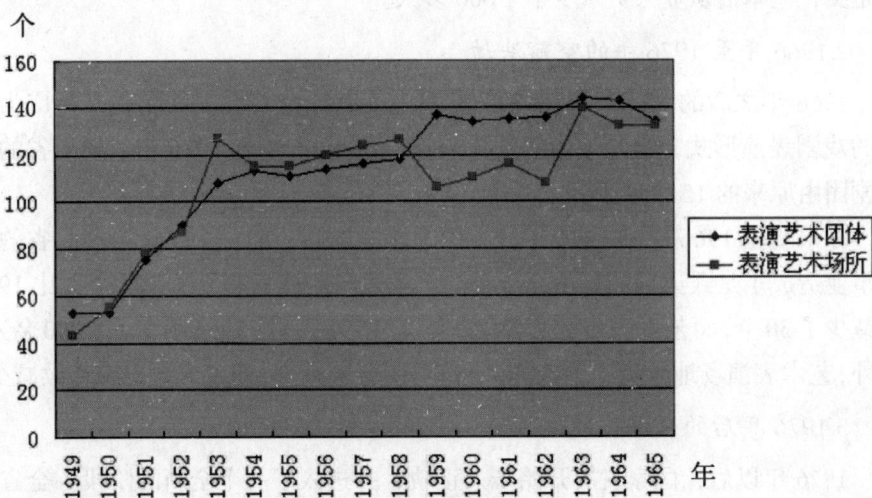

图 5-1　湖南省演艺事业走势

　　1949 年新中国成立以后，湖南省对戏剧与戏曲文化提出了"百花齐放、百家争鸣"的改革方针。到 1950 年年底，湖南省的表演团体一共有 53 个，表演场所也增加到了 55 个。省人民政府还为文工团创造了更好的宣传政策，提高了人民群众对文化的认识与人民群众的整体思想觉悟，其中湖南省湘江文工团与长沙市工人文工团产生的影响最大。1952 年，湖南省内的戏剧改进委员会成立的艺术表演团体已经增加到了 90 个，其中还包括一个国营剧团，其余 89 个为民间职业剧团，艺术表演剧场增加到了 87 个，从业人员更是达到了 6 000 人以上，相较于 1950 年年底增加了近 1 倍。1955 年年底到 1956 年的年初，湖南省文化厅举办了一次大型戏曲演出，一共去了 11 个地区，完成了 102 项演出任务。其中也有不少获奖的表演，包括 27 部歌剧获得了剧本奖，42 部歌剧获得了单项奖，28 部歌剧获得了表演奖。还有 138 名演员分别获得了一、二、三等奖。湖南省文化厅为湖南省的农村群众举办了一场前所未有的大规模文艺演出，湖南木偶皮影剧团甚至远赴苏联、捷克、波兰进行演出。从那个时期开始，湖南省的戏曲与戏剧便走向了世界。

但是这样的好景并没有持续多长时间，从 1957 年开始进行的反右派斗争使得许多文化艺术界的骨干受到了影响，湖南省的文艺事业顿时变得群龙无首。随后我国开始在全国范围内开展大跃进运动，这一时期湖南省的艺术发展是最艰难的时期，发展过程十分曲折。一直到 1962 年的年底，随着国民经济的复苏，湖南省的演艺事业也开始好转。当时的艺术表演团体一共有 136 个，表演场所有 108 个，从业人员只有 9 000 余人。与 1956 年相比，表演团体增加了 22 个，但是文化艺术的从业人员减少了 1 000 多人。

2.1966 年至 1976 年的空前浩劫

1966 年之后的 10 年，湖南省演艺事业变得千疮百孔。湘剧是一种广为流传的戏剧表演形式，也是湖南省的代表作。从 1966 年到 1976 年，湖南省的湘剧剧团由原来的 15 个减少到了 4 个。

如果要把 1966 年到 1976 年分为两个阶段的话，前一个 5 年给湖南省的演艺事业造成了是毁灭性的打击。全省的艺术表演团体只剩下了 104 个，比 1965 年减少了 30 个，而艺术表演从业者仅剩下了 4 193 人，比 1965 年少了 3 000 余人。此外，艺术表演场地也遭到了破坏，不仅场所急剧减少，职工人数也在持续减少。

3.1976 年后的全面恢复

1976 年以后，国家发展开始步入正轨，并进入了一个全新的阶段。全省各个剧种以及上百个文化艺术表演团体获得了新的生命。在时代浪潮的推进下，全省又成立了上百个农村剧团，重新上演了那些传统的优秀剧目，再次让广大人民群众了解到了山歌、民歌，接触到了我国的各种民俗文化，全省上下对这样的解放都欢欣鼓舞。随后，省文化局与委员会开展了大量的民歌演唱会，有歌唱经验的群众也可以进行演出，为演艺事业做宣传。经过几年的发展，到 1978 年年底的时候，艺术表演团体相较于 1975 年年底一共增加了 4 个。湖南省的文艺演出事业再次呈现出了繁荣的景象。中共十一届三中全会结束后，湖南省的演艺事业再次获得了突破性的进步。1983 年，湖南全省 137 个剧团一共进行了 35 725 场演出。其中上山下乡的演出占总演出的一半。在 137 个剧团中，有 77 个剧团的演出超过了 120 场。1985 年，省政府对湖南省的花鼓戏剧院进行 34 次嘉奖，这对于湖南省的文化演艺事业发展既是一种肯定也是一种鼓励。1986 年，常德花鼓剧团表演的《农民执行死刑》受到了人们的广泛关注，而且取得了非常优异的成绩。在连续 10 年的时间里，该剧团每年开展 200 多天的宣传活动，演出超过 300 场，在广受人民群众赞誉的同时也受到了政府部门的肯定。1987 年，省文化厅组织湘西土家族地区和苗族自治州地区的文艺工作者成立湖南人民公司，而且远赴波兰参加国际通俗冰雪节文艺比赛，最终获得了很高的奖项。

（二）转型阶段

1988 年对于整个湖南省的演艺事业来说是意义非凡的一年。因为就在这一年湖南省成立了第一家歌厅，这家歌厅就诞生在长沙市的航天宾馆内，命名为"航空歌厅"。也正是因为这一年对湖南省演艺事业发展意义重大，因此 1988 年被称为"长沙歌厅文化元年"。当时戏剧的发展已经走过了繁荣的阶段，广大人民群众对戏剧也产生了审美疲劳，愿意走进剧场来欣赏一场戏剧表演的人越来越少。而航空客厅的诞生改变了这一现状，由于它的娱乐消费形式对于人民群众来说拥有巨大的吸引力，于是歌厅每场观众都爆满，并逐渐声名大噪。航空歌厅的成立为全省带来了巨大的经济效益，也为湖南省演艺事业的转型奠定了良好的基础。文化演艺事业不再以从前单一的戏剧表演形式为主了，融入了相声、小品、歌舞、杂技等多种表演形式，开启了湖南省艺术事业发展的新时期。

20 世纪 80 年代末期，湖南省的戏剧发展事业一直都处在较高的水平。一直到 1993 年，才又一次出现转折。这次波折的主要原因有两点：第一点是市场竞争带来了很大的压力，第二点是新鲜娱乐文化的兴起影响到了剧本的创作和演出的质量。因此，在这一阶段，全省的艺术表演团体数量涨幅很小。

这段时期根据湖南省歌厅文化的发展情况大致可以划分为两个阶段。第一个阶段是 1988 年到 1997 年，在这一阶段，由于歌厅的爆火，很多中小型规模的歌厅开始涌现出来，发展规模也在迅速扩大。容量为 100 人的歌厅在当时已经不算少见，但是歌厅的经营模式是比较单一的。一直到 1997 年，歌厅的发展开始进入紧缩时期，大歌厅已经对小歌厅的发展起到了严重的阻碍作用，呈现出了"大鱼吃小鱼"的现象。经过这样的竞争，歌厅逐渐变得规模化，拥有知名品牌的大型歌厅被保留下来，一些中小歌厅就被时代淘汰了。在最开始的发展阶段，歌厅主要在长沙市发展，随着交通的便利，歌厅也逐渐向岳阳、常德等地进行辐射发展。

1. 中小歌厅迅速发展

1997 年前的歌厅数量比较多，但是规模都比较小，一般只能容纳 200 ~ 300 人，但是歌厅的发展速度在当时是非常快的。歌厅的经营方式是比较单一的，大部分都是由一个主持人在台上主持，然后台上歌手进行演唱，乐队演奏，台下的观众在看节目的同时喝喝茶或者喝些酒水、饮料。在表演过程中偶尔也会穿插一些新型的艺术表演形式，比如魔术和杂技等。整体的表演形式类似于一个近距离的小型舞台演出，整个演出的中心人物是主持人，他负责活跃整场的气氛，把握演出的节奏。现如今，我们在电视中看到的很多艺术前辈都是从歌厅走出来的，比如奇志、大兵。随着歌厅的不断发展，其数量急剧增加，一些歌厅从业者也开始恶性竞争，在表演中会融合一些低俗甚至恶俗的段子，但靠这种形式来取悦观众、维持自己的经济利益是绝对不可取的。

其实早在 1982 年，长沙就有了第一个音乐茶座——水陆洲音乐茶座，这是目前公认的歌厅前身。1988 年，湖南省的第一家歌厅"航空歌厅"创建，位于长沙市五一路和蔡锷路交会处的航空宾馆二楼，它将观众品茶与观看表演融为一体，如此放松、娱乐的方式引领了当时的时代潮流，一时间广受欢迎。在那个时期，航空歌厅取得了很不错的收益，短时间内其他的行业竞争者也纷纷开始效仿这样的经营模式。于是全省开始出现大小不一、装修豪华的歌厅，它们就像雨后春笋一样大量涌现。到 1992 年，全省营业性的歌厅一共有 78 家。而在 1992 年到 1995 年这三年的时间里，湖南省会长沙市内的歌厅就发展到了150 多家。长沙市的大中华、罗曼、琴岛、蝴蝶、红太阳等众多歌厅上演了一出"群雄逐鹿"的戏码，竞争激烈，形成了长沙歌厅"百家争鸣、百花齐放"的局面（见表 5-2）。

表 5-2　早期的长沙代表性歌厅

歌厅名称	创建时间	地址	所获荣誉	备注
航空歌厅	1988 年	长沙市五一路和蔡锷路交会处的航空宾馆二楼	1993 年被文化部评为"全国文明娱乐厅"	1998 年歇业
蝴蝶歌厅	1988 年	长沙市五一路和蔡锷路交会处的航空宾馆		

歌厅名称	创建时间	地址	所获荣誉	备注
琴岛歌厅	1993 年	长沙市劳动西路号湖南贺龙体育馆	2000 年国家文化部授予"全国文明优秀节目奖";多次被评为长沙市"文明歌厅",并授予"五星级歌厅"称号	2007 年初曾因拆迁和效益下滑严重,一度停业
大中华歌厅	1997 年	长沙市人民路湖南省花鼓剧院	曾被评为"全国精神文明娱乐场所";湖南私营企业 500 强	2003 年更名为大中华歌舞剧院

在这些歌舞厅当中,最具影响力的应该是在 1993 年建立的琴岛歌舞厅,其自诞生的那天起就具有非常大的名声。如今,琴岛歌舞厅总面积已经发展到了 5 000 余平方米,它不仅设施齐全、功能完善,还可以满足各种会议演出等的需求。琴岛歌舞厅不仅在努力按照国家的要求进行有关的管理和经营,还创造了长沙以琴岛歌厅为代表的一种经营模式,成了那一时期湖南省歌舞厅的一大亮点。琴岛模式的歌舞厅就是指让歌厅的氛围与舞蹈剧表演巧妙结合,让观众用购票的形式来进行观看,虽说它与机场演出较为相似,但是其气氛更为活跃,观众的参与度也更高。

岳阳市有着其独特的地理位置,它位于洞庭湖之滨。从 1991 年到 1995 年,其歌舞厅文化市场逐渐扩大,呈现出了繁荣的景象,岳阳市拥有的文化经营项目达到了 2 800 个,到 1995 年又增长到了 5 218 个,从业人数达到 3 万人。歌舞厅、卡拉 OK 厅这种时代发展的产物对文艺事业的进步也起到了推动作用。在 1996 年,仅用了一年的时间,全市的歌舞厅、卡拉 OK 厅就达到了 294 家,数量翻了将近一番。在这种趋势的推动下,衡阳市也在积极进行改革,全市营业性歌舞厅从 38 家增加到了 101 家。

2. 大型歌厅形成品牌

到 1997 年的时候,歌舞厅的发展已经经历了 10 年,在这 10 年的市场发展中,经历了"大鱼吃小鱼"的时期,很多小型歌厅陷入了倒闭的边缘。不过,歌舞厅在发展的同时也要接受政府相关部门的监管。于是"一手抓管理、一手抓繁荣"的政策开始出现。在歌厅的管理中,"扫黄打非"成了最重要的一项工作。在市场监管、市场竞争与政府管理下,能够留在市场发展的歌厅,已经粗具规模,而且有的品牌已经十分的响亮,远近闻名。1999 年,湖南省长沙市掀起了一股艺术热潮,又一个新兴的艺术文化形式涌现出来,那就是交响乐团。交响乐团在当时被称为"优雅艺术",有很多国际上比较出名的交响乐团纷纷来到中国开办演出，传播交响乐文化。在这一时期开创了强势剧院和媒体合办的新模式。

在这一时期，歌厅的发展已经不仅仅是数量上的增长，由于市场的竞争与政府的监管更加合理化，具有规模化的歌厅不断涌现出来，被市场淘汰的歌厅也逐渐朝着规模化的方向发展。比如，1997 年，长沙的琴岛歌厅换了新的场地，场地相较于原来大了近一倍，最多可容纳 600 多人。歌厅的表演内容也更加丰富多彩，融入了更多的新型元素，呈现在观众面前的舞台表演形式，更加像是一场晚会盛宴，将各种表演形式融为一体，形成了一个丰富多彩的舞台。1999 年，湖南省红太阳演艺集团投资 4 000 多万元，建成了当时具有欧美风情的演出剧场——红太阳演艺中心。该剧场表演形式更加丰富，融入了杂技、音乐、舞蹈等表演形式，将中国的传统文化与西方文化进行了融合，使红太阳演艺中心在当时声名大噪。

（三）整合阶段

2001 年年初，中共湖南省委提出了"发展文化产业，建设文化强省"的发展战略。据《湖南年鉴 2002 年》的数据统计，2001 年，全省娱乐业总收入达40 亿元。《湖南省文化产业发展规划》（2001—2010 年）中指出，到 2010 年重点发展文娱演艺产业，使湖南省成为国内外知名的文化演出、娱乐、培训中心，文娱演艺收入 10 年年均增长 10%，达到 300 亿元。从 2006 年到 2010 年，湖南省文化产业年均增长 20% 左右，2010 年全省文化产业总产出达 1 868.49 亿元，增加值达 827.56 亿元，占 GDP 比重达到 5.2%。这一时期的湖南省的演艺产业发展主要处于整合阶段，酒吧与演艺的结合、歌厅与戏剧的融合、省内地市与省外、国外城市的合作，都在表明湖南省演艺产业正逐步发挥自身优势，实现优胜劣汰。这段时期湖南省演艺业的发展主要分为两个阶段：演艺业市场规模化发展时期（2001—2004 年）和演艺业市场体系形成时期（2004 年至今）。

1. 旅游演艺市场规模化发展

2001 年，湖南省文化部门以江泽民同志提出的"三个代表"重要思想为指导、以繁荣文艺为中心，对文化艺术表演进行了一系列的改革。改革以农村文化工作为重点，大力发展文化事业。在提高广大人民群众文化水平的同时，也要提高文化管理部门的管理水平，对全省的经济发展与社会稳定奠定良好的文化基础。到 2004 年，文化演艺事业的市场发展已经非常健康，在稳定发展的同时取得了非常好的成绩。湖南省文化部门的具体措施如下。

第一，以创作带动文艺事业的发展与繁荣，在市场经济和娱乐文化的冲击下，创作、创新永远放在首位，因此，戏剧戏曲事业的发展一定不能停步不前，在依靠传统的同时也要顺应时代潮流，不断进行创作与创新。

湖南省文化部门从抓艺术生产、剧本创作与修改入手，打磨艺术、生产精品（见表 5-3）。

表 5-3　湖南省各地艺术生产精品创作代表作品和获奖情况

各地市州	剧本创作精品	获奖情况
长沙	《秋天的花鼓》	被列入国家舞台艺术精品工程的初选剧目
	《万年牌》	获中国曹禺戏剧奖剧本奖提名，获省"五个一工程"奖
株洲	《沥沥太阳雨》	中宣部精神文明建设"五个一工程"奖
湘潭	《再度南风》	应邀参加中国金鹰电视艺术节演出
岳阳	《补票》	湖南省"三湘群星奖"金奖
	《清明》	第七届"中国艺术节"金奖 湖南省"三湘群星奖"金奖
衡阳	《为了水》	湖南省"三湘群星奖"获小戏、曲艺金奖
常德	《紫苏传》	申报全国中青年戏剧表演最高奖——"梅花奖"
	《俏婆婆上大学》	全国第十三届群星奖评选获"群星奖"
	《新婚之夜》	参加"共创辉煌"全国企业产业优秀文艺展演并获金奖
益阳	《一枕黄粱》	该剧在全市巡演该剧在 2004 年底已立于舞台，并于 2005 年在全市巡演
邵阳	《税官逸事》	在邵阳市九县三区演出深受欢迎
郴州	《老憨进城》	湖南省"三湘群星奖"曲艺小品大赛银奖
	《拜鸡》	湖南省"三湘群星奖"曲艺小品大赛铜奖
张家界	《赶场》	湖南省"三湘群星奖"银奖
	《山村税官》	湖南省"三湘群星奖"银奖
	《土家婆婆会做坛子菜》	湖南省"三湘群星奖"优秀奖
湘西自治州	《岩生阿左》	全国少数民族曲艺大赛一等奖
	《锦鸟出山》	全国第六届民族民间艺术节银奖

第二，演艺型酒吧已经成了歌厅文化的一个重要部分。2001 年，为了适应新时代的发展与年轻人的审美进步，长沙市掀起了一股酒吧的狂潮，人们将酒吧文化与演艺文化进行了有机的结合，将二者推向了一个更高的高度。酒吧原本属于年轻人的喜好场所，而演艺文化已经逐渐被年轻人淡忘，二者的有机结合促进了演艺型酒吧的迅速发展。相较于歌厅与剧院，酒吧的布局和装修形式

有着天壤之别。但是年轻人更加喜欢酒吧里的装潢、桌椅等，他们认为酒吧这种独特的装饰能够拉近表演者和观众的距离，而且可以使表演者在轻松、愉快的氛围中完成自己的表演。酒吧的表演内容也是百花齐放，DJ 表演与 T 台走秀成了年轻人向往的节目。他们认为这样的节目会给他们带来不一样的感受，也为他们带来了更多的审美需求。例如，长沙市有一个叫作"魅力四射"的酒吧，这个酒吧在长沙市非常著名，每天晚上里面都特别繁忙，尤其在节假日更是人山人海，消费群体主要集中在 20 ～ 35 岁。"魅力四射"酒吧之所以能够成功，是因为它是一个演艺型酒吧，人们在娱乐消遣的同时还能观看到精彩的节目。"魅力四射"酒吧里面的节目有唱歌、跳舞这种普通节目，还有一些比较少见的节目，比如跑酷等极限运动，还有一些互动游戏。这种酒吧里的演出节目可以随时进行，随时都有观众捧场，而且观众在观看完节目之后还能交到很多朋友，这让他们更加享受其中。

第三，湖南全省认真贯彻落实娱乐场所管理条例，对演艺市场的管理更加规范合理做出了很多的努力，重点整治了公开性的色情淫秽演出活动，净化了演艺市场。各个地区也开始广泛进行市场监管活动，对娱乐演艺事业进行更加有效的监管，重点打击不健康的演出节目和无证演出等违规经营活动，对酒吧一条街与大型购物娱乐场所进行检查。

2. 旅游演艺市场体系的形成

湖南省在大力发展经营性文化产业的同时也在不断促进文化市场的发展，并对群众能接触到的多方面文化进行监管。湖南省以国际化的视野推动文化产业的发展，探索文化产业的发展机制，完善和落实党中央的文化产业政策，构建出适合全省发展的文化产业发展方式。2006 年是湖南省实施"十一五"规划的第一年，省委办公厅非常重视湖南省的文化产业发展。湖南省文化厅制定了"十一五"时期文化产业发展规划纲要，明确指出了湖南省文化产业的发展方向以及对于开拓文艺市场的要求，大力引进民营资本和外资投入到文艺演出中。湖南省鼓励多种形式的文艺演出事业，在政府部门的监管下，逐渐向规模化、品牌化、连锁化的市场体系发展。这一时期湖南省文化产业的发展状况具体如下。

第一，歌厅的发展规模越来越大，而且一些品牌歌厅会开始出现连锁。歌厅文化已经延续 10 多年，在这 10 多年的历史长河中，歌厅从业者一直都在不断摸索中前进，也给当代的歌厅与酒吧的经营总结出了很多的经验和教训。歌厅的兴起，将戏剧表演与戏剧文化发展到了一定的高度，而且在戏剧表演中融入了很多丰富多彩的节目，形成了多种形式并存的综合晚会。到目前为止，湖南省的歌厅发展已经辐射到了湖南省的各个地方，甚至辐射到了其他省份。大的品牌已经辐射到了全国各地，在全国各地传播了湖南省的民俗文化。自2002年以来，湖南省红太阳演艺集团先后发展了多个大型剧场，比较出名的有四大歌厅。2004年又在深圳成立了深圳红太阳大剧院，2012年红太阳演艺集团分别与洛阳歌剧院、石家庄勒泰中心签订了合同。这表明湖南省的歌厅正在逐渐地走出湖南省，走向省外，同时这也是湖南省文化产业跨地区发展的一次进步。

第二，旅游演艺剧目的推出也达到了一个新的高度。比如湖南省的张家界景区远近闻名，全国各地的游客纷纷来观看张家界的壮美景象。于是，张家界景区开始推行旅游演艺剧目，形成了现在"白天看风景，晚上看大戏"的消费形式。张家界景区的演艺事业产值在2007年基本翻番，已经形成了自己独有的产业体系。2011年，张家界景区的销售额突破了4亿元的大关，张家界景区直接成为湖南省的一大经济增长点。张家界魅力神歌集团打造的《魅力湘西》，不仅融入了土家族的民族舞蹈和湘西苗族的苗鼓表演，而且表演分室内、室外两种形式，室内以晚会的形式为主，室外则邀请观众参加篝火宴会。这样的演出形式深受人民群众的喜爱，创下了几乎场场爆满的好成绩。而且，张家界景区还创办了一系列大型的实景演出，邀请了我国实景演出创始人梅帅元作为总导演，音乐大师谭盾作为音乐总监。这样的实景演出，将舞台建立在高山峡谷之间，与周围的大山大河融为一体，给观众呈现出一场精美绝伦的视觉盛宴。2012年5月19日，由湖南省宣传部以及张家界市委、市政府举办的中国文艺演出发布会在深圳会展中心举行。发布会上有一场以张家界为主题并且融合了旅游演艺精品节目的演出，彰显了湖南省张家界的文化底蕴。到2019年，中国旅游演艺节目的票房排行榜中就有湖南省的《天门狐仙·新刘海砍樵》和《张家界·魅力湘西》。

二、湖南省旅游演艺产业的现状

今天，湖南省的旅游演艺产业已经形成了相当大的规模，歌厅文化已经成了中心产业，以张家界《魅力湘西》为代表的旅游演艺产业也得到了良好的发展。"长沙—常德—张家界—凤凰"的演艺走廊已初具雏形。

（一）戏剧表演发展，逐步对接基层

湖南省的戏剧表演形式主要以戏曲为主，曾经也是红极一时的湖南戏剧

团在面临生死存亡时唯一的出路。对于老年人而言，曾经流行的地方戏曲是他们主要的娱乐消遣节目，而年轻人已经很少接触湖南戏剧了，他们更加青睐歌厅和酒吧的文艺演出节目。于是湖南戏剧已经逐渐从城市走向了农村，开启了农村演艺道路。其中最具影响力的是常德农村演艺团体，他们带来的影响力是非常大的。据统计，常德市一共有 2 000 多家农村演艺团体，从业人员甚至达到了 10 万人，每年演出超过 15 万场。常德农村演艺团体成员主要以民间艺人为主，以乡村文化为基础、以本土市场为导向，以独特的表演形式活跃在乡村舞台。农村表演艺术形式相对于城市来说比较传统，大多是以戏曲为主，逐渐形成了"一镇一品"的特色，像花鼓戏、汉剧高腔等，已经成了广为人知的经典节目。

湖南省的艺术表演团体从 1989 年的 91 个增加到 2006 年的 93 个，再到 2010 年的 201 个，从业人员从 1989 年的 4 489 人增加到 2006 年的 4 557 人，再到 2010 年的 7 095 人，总体来说是不断增加的（见表 5-4）。

表 5-4　湖南省的艺术表演团体、场所及艺术创作机构的数量

类别	1989 年		2006 年		2010 年	
	机构（个）	人员（个）	机构（个）	人员（个）	机构（个）	人员（个）
艺术表演团体	91	4 489	93	4 557	201	7 095
艺术表演场所	106	1 979	78	1 541	63	1 065
艺术创作机构	25	1 60	24	148	17	97

1989 年到 2006 年的 10 多年间，艺术表演团体的增长速度是十分缓慢的，仅仅是 2006 年到 2010 年 5 月湖南省的艺术表演团体的增加数量就相当于 2006 年的表演团体总数。与此同时，表演场所与从业人员也呈现出了逐渐减少的趋势。1989 年湖南省的演艺场所基本集中在长沙市，而且这些演出场地也主要用于戏剧演出，同时兼备放电影与看电视的功能。在当时那个年代，很多剧院与剧场在市场的激烈竞争下，慢慢地退出了历史的舞台，到 2010 年湖南省艺术表演团体有 201 个，从业人员 7 095 人，展览场馆 63 个，从业人员 1 065 人。

自 2002 年以来，湖南省文艺部开始转变思想，开始创作更加精良的剧本，想要从艺术创新中寻求出路，寻求新的发展。以湖南省话剧团为例，该话剧团是湖南省最专业的艺术表演团体，它也进行了多次内部改革，其艺术表演的艺术性在市场上很具有代表性，深刻反映了当时的人民群众生活（见表 5-5）。

表 5-5　2002—2010 年生产演出的剧目及其获奖情况

年份	创作并演出的剧目名称	剧目主题	获奖情况
2002	《婚姻大事》	反映时代生活	2003 年湖南艺术节演出获银奖
2004	《天下第一公司》	校园生活	
2006	《飞呀飞》	儿童剧	全国第五届优秀儿童剧目展演中获银奖
2007	《洪战辉》	洪战辉的事迹	
2008	《快乐城堡》《青瓷》	反映留守少年儿童问题现代反腐话剧	
2009	《韶山升起红太阳》	红色历史	2009 年湖南艺术节获"促进文化产业发展突出贡献奖"
2010	小剧场话剧演出季童心周末儿童剧	都市类型儿童类型	

另外，湖南省歌剧院在 2012 年推出了大型舞蹈诗剧《温暖》。该作品将一个感动的故事呈现在观众面前，首次演出后就收获好评不断。省杂技艺术团也在长沙锦绣潇湘文化创意园进行了正式演出，在演出过程中，观众们看到了高难的杂技表演与演员的精湛演技，再加上舞台灯光的巧妙配合，观众时不时会发出惊讶的喊声与鼓掌声。

（二）歌厅演艺酒吧，共同齐头并进

湖南省的歌厅主要集中在省会城市长沙。一提到长沙的歌厅，就无人不知、无人不晓，长沙独有的歌厅文化全国闻名。长沙的歌厅数量由最初的三家已经发展到现在的 170 多家。目前，长沙歌厅的接客数量在 260 多万人次，每晚接待 7 000 人次，其中外地游客占了 40% 左右。仅仅从容纳人数来看，就可以看出长沙市歌厅的发展趋势，即逐渐向规模化的道路前进（见图 5-2）。

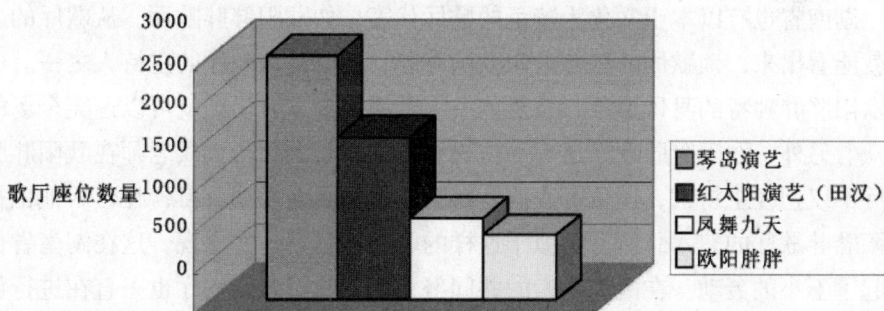

图 5-2　长沙市四大歌厅座位数量对比

红太阳演艺中心和田汉大剧场两家歌厅都属于湖南省红太阳演艺集团。红

太阳演艺中心是由红太阳娱乐有限公司成立的。该公司在长沙投资创建，当时创造出了融合多种表演形式于一体的表演形态，在当时很是引人注目。而田汉大剧院自 2002 年 6 月开业以来，以其独特的古老风格以及具有美国百老汇和法国利多时尚风格的节目内容，吸引了众多的观众。田汉大剧院里面有着宽敞的舞台和炫目的灯光，加上工作人员的巧妙配合及文艺表演者的精湛演技，呈现出无与伦比的演出效果，因此田汉大剧院在一年 365 天内，每天每场演出都爆满。2002 年以来，红太阳演艺中心以田汉大剧院为代表，创建了远近闻名的另外 4 家大型歌厅，甚至在 2004 年还将歌厅开到了省外，如深圳红太阳大剧院。2005 年，田汉大剧院成功举办了首届剧场论坛。2007 年，田汉大剧院组织了 600 多人到日本进行演出，促进了中日文化交流。2008 年，田汉大剧院举办了为期一周的英国长沙文化周。2009 年，市文化局正式把田汉大剧院移交给广电总局进行经营管理，于是田汉大剧院再次迎来了发展的黄金期。

琴岛歌厅自创建以来不断地经历大起大落，既有过坎坷阶段，也有过经济繁荣阶段。如今的琴岛歌厅为了吸引观众，拿出大量的资金用于装修外部以打造更加国际化的舞台，同时在节目表演上进行创新，实施节目轮换的表演，力图让观众在短时间内爱上琴岛歌厅。

2011 年，长沙老牌歌厅"港岛"因拖欠工资被停业。同年 10 月，凤舞九天演艺中心正式接手港岛歌厅。在重新营业后，歌厅整体经营手段已经发生了改变，装修风格也模仿了维也纳的金色大厅，对整体面积进行了扩建，可以容纳 2 000 多名观众。凤舞九天演艺中心自始至终都将观众的体验放在首位，邀请了很多著名的笑星来担任主持人，并签约了很多海外演员，组建了一支豪华的演艺阵容。同时搭载相声、小品与歌舞等表演形式，并将这几种形式相互融合，在传达湖南省文化的同时也能巧妙融入国际文化。

湖南省也有以本土文化为特色的歌厅代表，如欧阳胖胖歌厅。从歌厅的名字就能看出来，该歌厅的创始人叫欧阳胖胖，他也是该歌厅的主持人之一。由于欧阳胖胖独特的身体形象，只要他一上台用地方方言说话就可以逗笑全场的观众。另外，欧阳胖胖歌厅还有一位核心人物就是大兵。大兵老师在欧阳胖胖歌厅不仅担任主持人，还负责表演。在台前他为观众表演节目，在台后他也是欧阳胖胖歌厅的艺术总监。类似于这样的联手还是第一次出现，这在湖南省也引起了不小的轰动。在两位名人的共同努力下，欧阳胖胖歌厅也一直在进行创新，不管是灯光、舞台效果还是在节目表演上都付出了比别人更多的努力，把歌厅打造成了长沙人的梦幻乐园。

其实我们可以看到，要想让歌厅长久发展，一定要进行创新，吸引并留住回头客，不能只考虑经济效益。而现在的演艺酒吧的分布十分集中，竞争也非常激烈。这种局面对于文化事业的发展是不利的。因此，社会效益和经济效益的双赢才是目前湖南省的歌厅要解决的问题。

长沙的酒吧主要集中在人口密集或者是商业繁荣的地段。2001年，金色年华演艺酒吧的开业创造了一个新词叫"演艺吧"。于是演艺型酒吧在歌厅文化的推动下迅速发展，现在已有10多年的历史，演艺型酒吧有着独特的自身的定位。在经营者的努力下，它能够形成自己独有的风格。演艺型酒吧不同于歌厅，它的特点是节目形式不单一。在演艺型酒吧里，客人可以边唱歌、边喝酒，也可以边舞蹈、边听歌，其最主要的特点就是互动性强。于是，为了迎合广大观众的需求，现阶段的演艺型酒吧已经越来越多，它的经营方式接近歌厅的同时又增强了互动性，能够在传播民族文化的同时，形成一个更加轻松、愉悦的氛围。

（三）旅游演艺发展，对外交流频繁

演艺事业的发展也可以与旅游产业相结合。四川省以金沙遗址为依托，打造了以古树文化为题材的剧场演出，创下了音乐剧上的奇迹。以这样的主题创建、编排的大型音乐剧吸引了很多的观众，既促进了旅游业的发展，也促进了演艺事业的进步。湖南省拥有的自然人文景观也有很多，其中发展最好的就是张家界，张家界将旅游业与文艺演出事业相结合，也走出了一条很好的道路。

湖南省一直致力于打造精品文艺演出节目，而且在对外交流的过程中也在不断学习。湖南省要想把自己的文艺演出规模变得更加壮大，进一步提升演出档次，最重要的是要让代表湖南省的文艺演出走向全国、走向世界。在湖南省的文艺演出"走出去"的同时，也有全国各地乃至世界各地的演出在走进湖南。在这个过程中，湖南省的文艺演出要取其精华、弃其糟粕，在完善自己的同时，也要接纳其他的文化，当外来文化进入湖南省时，应该秉着欢迎的态度相互学习，进行友好的文化交流。

第二节　湖南省旅游演艺产业发展存在的问题

目前，湖南省旅游演艺产业的发展为文化产业注入了新的活力，成了湖南省经济的增长点，它的迅速增长与壮大是长久以来努力的结果。但是在其发展过程中，也存在一些问题。例如，文化改革的进程比较缓慢，监管部门执行力也不够，演艺市场的管理不够规范，节目内容越来越趋向低俗化，缺乏良好的品牌表演节目等。

一、历史问题

湖南省演艺事业存在的历史问题主要有两个：一是文化体制改革进程缓慢，二是相关政策落实不到位。湖南省的演艺事业既经历过挫折，也经历过繁荣，有些问题已经被指出并得到了解决，有些问题已经变成了历史遗留下来的诟病，所以湖南省有关部门要下定决心对其继续进行改革，才能促进演艺事业的发展。

文化制度既是一个民族生存和发展的基本制度，也是一个政党、一个国家在发展过程中的一项基本准则。文化制度代表的是一个国家的基本意志与国家发展的基本目标，它是现存的一切文化关系制度的总和。其中蕴含了政治领导、管理、调控生产和交流等方面的要求，对于一个地区乃至一个国家的发展发挥着指引作用，因此，文化体制改革是一项难度系数非常大的工程，它与经济体制改革不同。文化体制改革与经济体制改革是相互衔接的，二者之间需要统筹安排，再结合政治体制确定地区或者国家的发展方向。2020 年，国家首次提出积极发展文化事业和文化产业的要求，为推进文化体制改革做出了正确的方向引导。湖南省很早便启动了文化体制改革。2006 年，一场以创新体制、转换机制为目标的新文化体制改革启动，其中提出了很多发展目标与发展前景，省委、省政府明确要求要在 2012 年全面完成文化体制改革任务，到 2015 年要构建充满活力、开放的、有利于文化科学发展的高效率的体制，但是演艺事业的发展和文化体制改革需要齐头并进。由于文化体制改革进程缓慢，演艺事业的发展进程也十分缓慢，甚至遇到了一定的阻碍。政企不分、部分条块分割与城乡分离等现象在部分地区依然存在，影响着湖南省文化体制改革的进一步发展。

文化企业的改革主要针对文化单位。目前，湖南省的文化单位大概分为两种：一种是经营性的，另一种是公益性的。文化体制改革要求几乎全部的文化单位转化为企业进行运营，仅有极少数单位可以继续保持事业单位的体制。然而在实际的实施过程中，这一进程并不是一帆风顺。经营型事业单位转变为企业的制度难度较大，改革内容较为复杂。虽然自改革开放以来湖南省的经济实现了快速的发展，文化发展也得到了空前的提升，但是文化体制环境与社会条件也随之发生了改变。但一些旧的文化体制依然存在，没有被完全摒弃，然而新的体制也逐渐生长出来，二者现在处于相互碰撞的过程中。

湖南省拥有很多国有集团，在国有集团内部也进行着一系列的管理和体制改革，只是改革进程十分缓慢。在某些地区，体制改革还在摸索中前进，在政府的正确引导下，企业、民众与政府要相互配合，调动市场调控能力，共同对文化体制改革做出自己的贡献。如果不这样做，就会造成政企分开经营、分开管理的现象，导致文化体制改革成本急剧升高，在一定程度上会削弱政府的资源配置能力。当然，省委、省政府也是在文化体制改革的过程中不断进步、不断摸索的。很多有效的尝试与努力也推动了文化体制改革的进程。湖南省长沙文化体制改革领导小组多次组织小组会议，给各个主管领导写信要求加快文化体制改革的进程，提高监督能力，加强落实力度，并且先后前往衡阳、长沙等地开展督查调研工作，以加快改革进程。

湖南省也颁布了许多有利于演艺产业发展的政策措施，如《湖南省人民政府关于支持文化事业发展若干政策的通知》《湖南省文化产业发展规划（2001—2010年）》《湖南省文化强省战略实施纲要（2010—2015年）》《中共湖南省委宣传部、湖南省文化厅关于加快全省国有文艺院团体制改革工作的指导意见》《湖南省文化厅深化直属国有文艺院团体制改革实施方案》等，各个地市州也积极响应，以意见、决定、规划等形式制定出台了相关文化产业政策，像长沙市发布的《长沙市人民政府关于加快文化事业和文化产业发展若干政策的意见》《长沙市建立娱乐市场管理长效机制工作方案》，株洲市出台的《株洲市人民政府办公室关于加快文化产业发展的若干意见》《关于2012年在株洲地区开展"送戏下乡、演艺惠民"活动有关问题的通知》等，为湖南省演艺产业的发展提供了良好的政策环境。

还有一个问题就是现有的政策存在一些不足。首先，政府的一些部门在制定相应的政策之前，没有深入市场、深入基层了解具体情况，因此在制定规划与通知方面容易出现不切实际的现象。所以，市场调查与现状分析对于政策的制定是非常重要的。如果不能正确地认识到本地演艺事业的资源与市场情况，就不能发现演艺产业的劣势与不足，就会导致某些政策的可操作性不强。其次，在制定规划的具体内容时，对于文化产业的基本原则了解不够深刻，而对于比较重要的产业结构调整，其具体实施细则规定得相对较少。这就造成了一线的文化改革实施者无法充分认识到政府的政策、方针，这样就会导致政策的执行力低下。而且，政策在执行的过程中，不能及时、有效地反馈到政府部门，政府也不能对相关政策与方针进行及时、有效的调整。

二、现实问题

除了湖南省演艺业产业发展存在的历史问题，其现实问题也是不容忽视的。总体来说，现实问题主要有五个方面：一是湖南省演艺业市场结构不合理；二是演艺业的内容趋向低俗化；三是演艺业品牌建设意识较差；四是演艺业经营管理人才和表演人才缺乏；五是湖南省演艺产业融资体系缺乏。下面将展开具体介绍。

（一）市场结构的不合理

市场结构的不合理主要表现在两个方面：第一点是区域发展不平衡，第二点是城市与乡村之间的演艺产业发展相差太大。这主要体现在省会城市长沙与其他地级城市上。由于长沙市的文艺事业是优先发展起来的，其体系较为完备，享有的资源也比其他地区更丰富，因此造成了这种发展不平衡的现象。长沙既是湖南省政治、经济、文化的中心，也是演艺事业发展的集中地，这是一个事实，也是必须这样发展的。长沙的文化产业在国民经济中具有支配地位，其每年的增加值都在上涨，而且在 GDP 中的比重也在不断增长（见表 5-6）。由此可见，长沙市文化产业的发展对于整个湖南省来说起到了带头作用。

表 5-6　2011 年湖南省各地方文化各产业增加值占 GDP 的比重

各地市州	文化产业增加值（亿元）	文化产业增加值占省的比重%	GDP（亿元）	文化产业增加值占的比重%
全省	1 023.45	100.00	19 635.19	5.12
长沙	488.92	47.77	5 619.30	8.70
岳阳	84.03	17.19	1 899.49	4.42
常德	71.15	14.55	1 811.19	3.93
株洲	80.98	16.56	1 563.88	5.18
衡阳	57.44	11.75	1 746.44	3.29
郴州	53.98	11.04	1 346.40	4.01
张家界	23.84	4.88	361.36	6.60

2008 年，长沙的演艺娱乐业空前发展。演艺业在长沙的文化产业中成了最具活力的产业之一，不管是歌厅还是酒吧的总数都有了较大的增长，因此长沙被评为"全国最具幸福感的城市"。每年长沙的演艺业接待的人数规模在全国所占比重相当大，而且长沙的娱乐文化产业的发展也相当迅速，受到了全国的关注。经过多年的发展，长沙拥有了 4 个大型歌厅，分别是衡阳红旗大剧院、常德滨湖大剧院、湘潭大剧院与红太阳演艺中心，而且有很多演艺型酒吧在之后的多年里经久不衰，很多来到湖南省的游客都要去演艺型酒吧进行打卡。在戏曲方面，2010 年末长沙市共有艺术表演团体 12 个。然而，其他地区还达不到这样的水平，区域发展存在着不平衡的现象。

另外一个较大的不合理则体现在城市与乡村的演艺结构上。城市的发展速度远高于乡村的发展速度，而且城市演艺团队和乡村演艺团队享有的资源也是不一样的。在城市中，每个演艺团队都需要跟随时代的潮流，对自己表演的节目进行创新。而致力于乡村的演出团队，则必须尊重传统。因为乡村中的老人居多，他们对戏曲的接受能力相较于新兴文化产业来说更加容易。虽然各个地区也在积极开展演艺惠民的下乡活动，但依然不能满足乡村人民日益增长的精神文化需求。

（二）内容趋向于低俗化

演艺事业作为丰富人类精神文明的一项产物，跟商品经济是有区别的。商品解决的是我们的物质需求，演艺事业满足的是我们的精神需求，但是它们最终也要面向市场，从广泛的人群中获取经济利益。也正是因为这个原因，某些经营者为了取得经济利益而对表演内容进行随意更改，脱离政府的监管，在巨大的经济利益诱惑下放弃了社会效益，一味地将经济利润放在第一位，在表演节目中加入了一些荤段子或者不健康内容，导致戏剧、音乐、舞蹈等表演内容的变质。尽管现在相关部门也在严厉地"扫黄打非"，但是监管部门不可能24小时盯着这些歌厅与酒吧，部分经营者在经营的过程中还是会钻监管的空子，在表演过程中传播一些低俗文化。对这种现象要见一个封杀一个，尤其是在演艺型酒吧中更容易出现这种节目。

（三）品牌建设的意识差

品牌建设方面经常不被演艺企业所重视，它们忽略了品牌对市场的影响，其实品牌是一种无形的竞争条件，人们在选择不同商家的同一种产品时，经常会关注这些商家的品牌。这就解释了为什么要提升企业知名度来增强竞争力，因为这是一项有效的手段。而湖南省的演艺事业在这一方面的意识和觉悟还不够高，所以尽管湖南省的演艺事业发展迅速，但是仍没有创造出一个广为人知的品牌。在与其他地区的文化相互碰撞的过程中，也很难引起重视。品牌建设并不是无用功，它可以作为文化宣传的一种手段，也可以代表文化的高度。例如，云南打造出了一个大型的歌舞类节目，叫《云南印象》，其运营者将这一节目打造成了品牌节目，直到现在也广为流传，很多游客去云南就是奔着《云南印象》去的，这就是品牌建设的好处。再比如杭州的《宋城千古情》，疫情之前每年都能吸引数以万计的观众，为当地的旅游业与经济发展做出了突出的贡献。

（四）管理表演人才缺乏

不管哪个行业，任何时候都需要管理人才。湖南省的演艺事业同样需要管理人才。不管在任何一个表演团队里都有很多的人才，每个人才都有自己的绝活，然而如何留住这些人才、如何让这些人才在团队中大放异彩才是最关键的，这时候就需要具有一个出色的管理者。如今的教育大部分是教学生如何学习，教他们一些学习方式，到了大学阶段才会教他们一些关于管理的知识。而管理人才中缺乏既懂管理又懂文化的人才，因此就出现了一种现象，即懂文化的不懂管理、懂管理的不懂文化，二者不能相互融合。

（五）产业融资体系缺乏

湖南省虽然开放程度比较高，但是吸引外资的规模并不大，这主要是因为交通不便与融资体系缺乏。虽然湖南省的演艺事业发展十分迅速，但是其仅仅是在文化水平的升级与更新上顺应了时代的潮流，在融资体系方面还有待完善。当地的表演团队大多都是由民营企业创立或由民营企业资助的，他们在运营的过程中，利润虽然不多但其成本也不是很高，他们在当地的表演也受到了一些限制。如果能够融资，促使外地企业能够自由进驻湖南省的演艺产业，表演团队就能融到更多社会资本，营造出更好的舞台效果，也能发展出更好的表演形式。

第三节　文旅融合中的湖南省旅游演艺繁荣的现实路径

一、文旅融合大势下湖南省文旅资源及舞台艺术发展现状

（一）湖南省的文化旅游资源

1.文化资源

湖南省历史悠久，人杰地灵，文化资源极为丰富，素有"炎舜故地、屈贾之乡"的盛名，享有"惟楚有材，于斯为盛"的美誉。湖湘文化作为独特的地域文化，底蕴深厚、绵绵不绝，是中华文化的重要组成部分。湖南省的文化资源主要包括以下几种。

（1）红色文化资源。在湖南省这块热土上，发生过秋收起义、湘南起义、平江起义等重大革命历史事件，涌现了谭嗣同、黄兴、宋教仁、蔡锷等革命先驱，毛泽东、刘少奇、任弼时、彭德怀、贺龙、罗荣桓、粟裕、黄克诚等革命领袖和将领，向警予、蔡畅、杨开慧等巾帼英雄，拥有韶山、花明楼、岳麓山、橘子洲等28个国家红色旅游经典景区，12条红色旅游精品线路，81个省级重点红色旅游景区。

（2）历史文化资源。湖南省拥有 300 多处旧石器时期遗址，900 多处新石器时期的遗址，神农氏、舜帝、义帝、刘望、张邦昌、李自成、吴三桂七个帝王先后归葬湖南，形成了帝王文化。湖南省有 83 人被列入中国历代名人辞典，占全国历史名人的 10% 以上，涌现了魏源、何绍基、左宗棠、谭嗣同、陈天华、黄兴、宋教仁等历史杰出人物。湖南省有长沙、岳阳、凤凰 3 个国家级历史文化名城。

（3）宗教文化资源。一是道教文化。在历史上，全国道教活动地址有"三山五岳""三十六洞天""七十二福地"之称。在"三山五岳"中，湖南省占其一，即南岳衡山；"三十六洞天"中，湖南省占其六；"七十二福地"中，湖南省有其十三。二是禅宗文化。醴陵沩山、长沙岳麓山、岳阳大云山、浏阳道吾山，都是中国禅宗的重要发祥地。因而，湖湘文化广泛散发着佛教禅宗的佛光神韵。三是善德文化。善卷，是湖南省的一位上古贤士，也是中华道德文明的奠基者，深深影响过尧、舜、禹三代圣君，为历代仁人志士所尊崇。

（4）民俗文化资源。以苗族、土家族、侗族、白族风情为代表的少数民族文化，构成了独特的湖南省民俗文化景观。特别是苗族的拦门酒、上刀梯、唱苗歌、吹唢呐、演傩戏、打苗鼓、踩犁口、展服饰等节目，样样精彩纷呈。

（5）农耕文化资源。湖南省是中华民族农耕文化形成的发祥地之一，炎帝神农氏、舜帝有虞氏与盘瓠（盘古）驻足湖南地区，炎帝神农氏"始作耒耜，教民耕种；遍尝百草，发明医药"，带领先民开创了农耕文化、医药文化。

（6）舞台艺术资源。湖南省拥有丰富的传统音乐文化，湘西少数民族民歌、桑植民歌、长沙山歌、湘南伴嫁歌、湘南瑶歌等各具特色；花鼓戏、湘剧、祁剧、湘昆等 19 个地方戏曲品种蕴含了湖湘特色。

2. 旅游资源

湖南省位于长江中下游流域，全省面积 21.18 万平方千米，山川纵横、土地肥沃，气候温暖湿润，是中国有名的"鱼米之乡"。湖南省的旅游资源非常丰富。目前，湖南省旅游资源有 2 处世界自然遗产、12 个中国优秀旅游城市、11 个国家 5A 级旅游区、17 个国家 4A 级旅游区、7 个国家级自然保护区、64 个国家森林公园、3 个国家历史文化名城、228 个全国重点文物保护单位。张家界国家森林公园、南岳衡山、岳阳楼、洞庭湖、岳麓书院、马王堆汉墓、炎帝陵、天心阁、凤凰古城、橘子洲、韶山毛泽东故居、刘少奇同志故居、雷锋纪念馆等皆为国家重点旅游景点。

湖南省的少数民族众多，民族风情浓郁，吉首德夯苗寨、怀化通道侗寨目的地、永顺王村土家古镇都拥有令人沉醉的歌舞和习俗，能够让人们感受不一样的生活和文化。再加上湖南省是毛泽东、刘少奇、彭德怀、任弼时、贺龙等老一辈无产阶级革命家的故乡，红色旅游资源也十分丰富。

（二）文旅融合大势下湖南省舞台艺术发展现状

近年来，随着国家、省《文化产业十三五规划》等多项重要规划的出台，建立"文化强省"战略的提出，经济社会的发展与民众文化消费需求的增长，湖南省的演艺产业站在一个新的历史起点上，迎来了繁荣发展的黄金期。以琴岛演艺中心和田汉大剧院为代表的娱乐演艺以及以湖南大剧院为代表的高雅艺术演艺等多种演艺业态竞相争辉，"演艺湘军"的品牌日益响亮；文艺院团深入改革、焕发光彩，艺术表演团体从 53 个增加到 510 个；开创性地举办了湖南艺术节、湖南戏曲春晚、全国花鼓戏展演等一系列重大艺术活动，每年惠民演出超过 1 万场，打造精品旅游演艺项目近 30 个。

1. 舞台艺术作品质量和数量大幅提升

据不完全统计，2013 年到 2017 年，湖南省新创大型舞台艺术作品 147 个、复排经典剧目 202 个、新创小戏 381 个，新创作品数量相当于新中国成立以后作品数量的总和。一大批优秀作品入选文化部组织的全国性重大艺术创作工程，湖南省成为全国入选国家项目最多的省份之一，被誉为"湖南文艺现象"。例如，大型民族歌剧《英·雄》入选 2017 年度民族歌剧发展扶持计划全国剧目；花鼓戏《桃花烟雨》、音乐剧《袁隆平》入选 2018 年度国家舞台艺术精品创作扶持工程等。多部作品参加全国性重大艺术活动，例如，京剧《辛追》参加第八届中国京剧艺术节，话剧《十八洞》参加全国话剧优秀新剧目展演，木偶剧《留守大山的孩子》参加亚太木偶皮影艺术节。近年来，湖南省对旅游演艺产业在政策、资金、人才方面的支持力度大幅提升，自 2014 年财政部、文化部启动国家艺术基金项目扶持以来，湖南省共有 102 个项目获得国家扶持资金 7 471.9 万元。省财政大幅提升文艺精品创作资金，从每年 160 万元，增加到每年 2 500 多万元。同时，相关部门加强了对演艺产业的创作指导，仅 2017 年就组织审读剧本 30 多个，召开了 20 多个剧本研讨会，观看了近百台演出。

与此同时，舞台剧目创作的生产热情高涨，呈现出生机勃勃的景象。2014 年全国文艺座谈会召开后，湖南省舞台艺术迈上新高峰，新创大型剧目 150 多台。在 2018 年 10 月举办的第六届湖南艺术节上，共展演专业舞台剧目 48 场，在人民群众中产生了广泛影响。2019 年 4 月 26 日，湖南省剧作家曹宪成创作的花鼓戏《桃花烟雨》获第 23 届曹禺剧本奖，并位列榜首。该奖每 3 年评选一次，是我国戏剧文学的最高奖。近几年来，全省创作出民族歌剧《英·雄》、花鼓戏《桃花烟雨》、京剧《梅花簪》、音乐剧《袁隆平》、阳戏《侗山红》、舞剧《马桑树下》、昆曲《乌石记》等近 40 台大戏，这些作品或聚焦重大革命历史题材，或关注当代现实题材，或注重发掘传统湖湘文化，均具有较高的思想性、艺术性、观赏性。

2019 年 11 月，湖南省文化和旅游厅印发《湖南省大型舞台剧目精品创作扶持工程工作方案》，明确提出要在五年内，打造一批具有品牌效应的知名院团，推动艺术生产机制创新，争取推出 30 部左右优秀舞台艺术作品，并有 10 部左右代表新时期湖南省文化新成就的、能走向全国的代表性舞台艺术精品作品。方案中还提出加大对文旅融合类型精品剧目的扶持力度，推荐精品剧目同有关旅游景区进行合作推广。这些政策的制定，为湖南省舞台剧艺术的繁荣振兴提供了发展动力。

2. 文艺院团建设成效显著

湖南省的文源深、文脉广、文气足、文产强，舞台艺术发展基础好。目前，全省共有国有专业文艺院团 88 家，其中省级 8 家、市级 18 家、县级 62 家，它们构成了湖南省舞台艺术繁荣发展的基础，并在振兴湖湘文化、发展湖南省文旅产业方面，发挥着举足轻重的作用。湖南省自 2013 年起开始实施"雅韵三湘"高雅艺术普及计划。雅韵三湘活动包括"艺苑金秋""舞台经典""音乐经典""好戏连台""艺动校园"五大板块，旨在提高人民群众文化素养，扶持文艺院团健康发展，积极引导和培育文化消费市场，让更多的艺术精品为人民群众所享受，让文化惠民工程落到实处。例如，湖南交响乐团将"雅韵三湘·音乐经典""雅韵三湘·艺动四水""高雅艺术进校园"以及"送戏下乡·演艺惠民"等系列演出活动作为"常态化"演出，仅 2015 年就演出 88 场，演出受众达 7.7 万余人次。2017 年湖南省"送戏曲进万村、送书画进万家"和文化扶贫到贫困村文艺惠民演出约 17 000 场，其中仅县级艺术院团就演出 11 000 多场，演出场占了 65%，每家艺术院团每年演出场次都在 100 场以上，最多可达 260 场。这些院团对于传承繁荣湖湘文化、丰富人民群众的文化生活等方面发挥了积极作用，做出了突出贡献。

3. 传统剧目彰显湖湘文化特色

湖南省拥有丰富的传统文化资源,作为戏曲大省,湖南省有湘剧、祁剧、辰河戏、衡阳湘剧、武陵戏、荆河戏、巴陵戏、湘昆、长沙花鼓戏、邵阳花鼓戏、衡州花鼓戏、常德花鼓戏、岳阳花鼓戏、永州花鼓戏、阳戏、花灯戏、傩戏、苗剧、侗戏等19个地方戏剧剧种。这些剧种都有经典代表剧目广为流传,如湘剧《琵琶上路》《打猎回书》《五台会尼》《拜月记》,花鼓戏《刘海砍樵》《打铜锣》《补锅》,武陵戏《祭头巾》《思凡》《两狼山》等。近年来,湖南省认真贯彻习近平总书记在文艺工作座谈会上的重要讲话精神,鲜明提出"以作品为中心抓精品创作,以人民为中心抓创作导向,以人才为中心抓队伍建设"的方针,创作生产出了一批有湘味、有品质的精品力作,契合了时代主题,弘扬了社会主义正能量,表现出较好的创新意识和艺术潜质。例如,在2015年第五届湖南艺术节上,经改编、合作、再创,话剧《泉涸之鱼》、祁剧《焦裕禄》、舞剧《桃花源记》、音乐剧《天使合唱团》、汉剧《孟姜女传奇》等传统剧种缤纷上演,将充满浓郁湖湘文化特色的地方剧种赋予了新时代气息,为观众呈上了精彩佳作;2016年7月至9月的"湘戏晋京"展演活动,共有12台剧目在北京各大剧场陆续上演,其中湘剧《月亮粑粑》入选了2016年国家舞台艺术精品创作工程十大重点扶持项目,并和花鼓戏《我叫马翠花》同时入选2016年25个国家重点创作剧目,京剧《辛追》、舞剧《桃花源记》、花鼓戏《齐白石》、音乐剧《天使合唱团》和湘剧《烧车御史》等5个剧目获得国家艺术基金重点支持;2018年第六届湖南艺术节,共展演专业舞台剧目48场、群众文化舞台作品24场,其中新创作的话剧《十八洞》、祁剧《向阳书记》、祁剧《火种》、湘剧《田老大》、花鼓戏《长辈》、湘剧《玉龙飞驰》、花鼓戏《山乡工匠》、汉剧《帅孟奇》、花鼓戏《甜酒谣》、化鼓戏《这方水土》10台剧目获"田汉新剧目奖"。

4. 旅游演艺提升湖湘文化品牌

2012年5月,湖南省出台《中共湖南省委、湖南省人民政府关于建设旅游强省的决定》,全面迈入建设旅游强省的新阶段。推进湖南省旅游演艺品牌建设,既是湖南省旅游产业创新和产业升级的重要方面,也是湖南省文化产业和文化事业迈向新高度的推动力。湖南省的旅游演艺品牌建设具有良好的资源基础,在早期发展过程中长期居于全国领先地位,具有做大做强的现实条件。早在2010年,首批旅游演出类《国家文化旅游重点项目名录》颁布,全国35台节目入选,其中湖南省占据3项,长沙的《梦幻之夜·又唱浏阳河》、张家界的《天门狐仙·新刘海砍樵》和《张家界·魅力湘西》名列其中，在全国旅游演艺市场形成了较大的影响力。《天门狐仙·新刘海砍樵》更是荣获该名录旅游演出类节目的唯一金奖。

建设"旅游强省"目标下的湖南省旅游市场方兴未艾，旅游演艺一直是湖南省旅游发展的重点工作。在当前文旅融合的新形势下，湖南省旅游演艺产业逆势而动，发展势头强劲。2014年，《烟雨张家界》全面改版完成，湘西州、湘潭、怀化相继推出《烟雨凤凰》《中国出了个毛泽东》《烟雨洪江·沅江号子》；2015年4月，凤凰推出森林实景演出《边城》；2015年10月，郴州推出《飞天苏仙》。至此，湖南省旅游演艺产业整体上形成了长沙《芙蓉国里》、湘潭《中国出了个毛泽东》、郴州《飞天苏仙》、张家界《魅力湘西》《天门狐仙》及《烟雨张家界》、凤凰《烟雨凤凰》、怀化《烟雨洪江》等影响力较大的旅游演艺品牌的整体空间布局，呈现了有序的良好发展格局。2017年7月，长沙宁乡《炭河千古情》上演，该演出运用先进的声、光、电等科技手段和舞台机械，数百位演员在水、陆、空三维立体空间内唱响了一曲感天动地的炭河千古传奇；2019年4月，在长沙石燕湖旅游区，世界首部社群式互动体验情景剧《关公战长沙》正式和广大观众见面。该剧由中惠旅集团联合英国Holovis公司打造，以幽默互动、全新视角表演三国时期长沙城的故事。在互动体验的过程中，游客穿越时空，邂逅杂耍、花鼓戏、弹词等经典长沙民俗，体会不一样的老长沙风味。《关公战长沙》的上演丰富了石燕湖文化旅游产品，助推了石燕湖旅游转型升级，为长沙旅游休闲度假目的地再添新元素，成为湖南省文化的新地标；2019年6月，投资近10亿元，迄今为止张家界景区舞台机械最先进、科技含量最高、演艺水平最高的《张家界千古情》成功演出，成为张家界"旅游+文化"的新名片。这些新晋旅游演艺剧目成绩斐然，极大地促进了湖南省旅游演艺产业的发展。2018年10月15日，国内旅游演艺产业权威研究机构道略文旅产业研究中心发布了《2017中国旅游演艺排行榜》，包括实景类、主题公园类、独立剧场类剧目票房十强和旅游演出机构十强、新增剧目票房五强。湖南省的《天门狐仙·新刘海砍樵》《中国出了个毛泽东》《炭河千古情》《魅力湘西》分别入选各自节目类型的十强榜单，《魅力湘西》的出品方魅力文旅发展有限公司则入选旅游演出机构十强。

二、文旅融合大势下湖南省舞台艺术发展短板及原因

近年来，在文旅融合的大背景下，湖南省舞台艺术工作取得了一定成绩，在社会上产生了一定影响，但是仍存在诸多方面的短板和弱项。例如：全省各

市、州之间缺乏整体规划；地域文化特色不鲜明；优秀创作人才缺乏；艺术资金投入不够；基础设施和公共服务体系不全、服务欠缺、质量不高；等等。

（一）发展短板

1.旅游演艺创意不够鲜明，地域特色挖掘不深

目前，云南、浙江、江苏、广东等省都开发了旅游演艺项目，并形成了独特的开发模式，如以《印象·刘三姐》为代表的印象系列实景演出、以《宋城千古情》为代表的千古情系列剧场式演出、以《又见平遥》《今时今日安仁》为代表的沉浸式演出等。相较而言，湖南省文旅舞台艺术创意不足，缺乏在激烈的市场竞争中脱颖而出的特色项目，尤其对湖南省地域文化的挖掘不够深入、缺乏创意已经成为制约湖南省旅游演艺产业发展的主要因素。创意是具有创造性和新颖性的想法，它不仅能够赋予文化旅游业灵魂，还能够把文化转变为游客愿意体验的"活"的项目。因此，要想对湖南省的舞台艺术和旅游产业进行有机融合，就需要具有创意的理念指导舞台艺术与旅游产业融合发展方向，或具有创意的项目丰富文化旅游产业。近年来，湖南省虽然出现了《张家界·魅力湘西》《天门狐仙·新刘海砍樵》《烟雨凤凰》《飞天·苏仙》《炎帝传奇》《边城》等大型演艺活动，但是与湖南省绚丽多彩的民俗文化、悠远深厚的历史文化等文旅资源优势相比，舞台艺术的发展还是稍显滞后，特别是城市旅游演艺有创意的项目太少，成功的案例更少。湖南省的舞台艺术在与旅游产业融合过程中，缺乏能指导旅游演艺产业开发方向的创意，缺乏将丰富且多元的舞台艺术资源转化为旅游项目的创意。在调研中发现，有的舞台演艺项目没有结合当地文化和旅游特色，或只进行简单而生硬的展示结合；有的演艺项目仅仅简单复制同类的成熟产品，导致"千演一面"的情况；有的演艺项目重复了过去舞台演出奢华制作的道路，以"歌舞＋杂技＋灯光＋LED"等大杂烩式演艺形式进行表演；还有的演艺项目仅满足于地方要求，艺术水准低、管理水平差，甚至出现低俗、庸俗、媚俗的倾向，缺乏内在的细节与情感，显示出功利性。很多地市旅游与文化的结合流于形式，景区的人文形象打造力度不够，表现手法上大同小异，主题不突出，特色不鲜明，甚至张冠李戴，搞得不伦不类。人文旅游产品精品打造得不多，且尚未有效地突出地域人文特色，在全国叫得响的精品景点和路线尚未形成，一些原本十分著名的景点也因为没有进行包装和品位提升，缺乏影响力和市场竞争力。

2.发展资金不足，旅游演艺产业的投融资渠道单一

长期以来，湖南省各地市的文化旅游产业主要以政府财政投入加以推动，文化产业的投融资主体来源是政府。但是地方财力有限，财政投入不足已逐渐成为旅游演艺产业发展的一大阻碍。加之文化旅游产业前期投资额巨大、回报周期长，金融部门往往对其缺乏投资兴趣，招商引资的吸引力不足。再加上文化艺术服务还未完全正式列入政府采购范围，缺乏与之相对的制度保障。虽然在一些地方文件中已有对此的制度创新，但难以落实到位。例如，惠民演艺资金尚未制定相关标准，政府采购资金未纳入财政预算；非遗活态传承、资料收集整理经费少，导致活动开展缓慢；缺少经费把专业人才送出去深造或从外面请专家开展培训学习；由于经费不足，也导致新创作排演活动受到制约，在出精品方面相应受到影响等。

3. 旅游演艺产业的复合专业人才稀缺，舞台艺术与旅游融合内力不够

文旅演艺产业是一个综合性强、跨界性广、文化含量高的现代服务型产业，大部分舞台旅游项目和产品主打创意的设计，自身具有竞争激烈、更新周期短、易模仿复制、易受流行趋势影响的特点，是人才、资源、资本、技术、艺术、服务的综合体，其中人才是最稀缺的要素。大型旅游演艺项目投资巨大，涉及众多专业、技术、艺术领域，需要文案策划、景观设计、音乐设计、编剧导演、后台开发、品牌营销等多方面人才，还需要景区管理、设备运营等大量熟练的技术工人。也就是说，文旅融合背景下的舞台演艺行业对人才的需求是复合和多维度的，呈现多方位、立体化形态。为顺应市场需求，除了演艺专业人才外，还应构建演艺创意型服务人才、品质生活服务人才、理念实践类人才的培养体系。湖南省虽然拥有丰厚的历史文化资源，并拥有丰富的演艺和旅游人才基础，但由于省内没有专业的高水平艺术院校或相关专业，大都是"墙内开花墙外香"，成才于外省市，服务于外省市。因此，省内舞台与旅游人才数量和人才结构都不能满足需求，更缺乏知识创新型人才进行舞台艺术资源的开发，专业人才稀缺，已成为制约旅游、演艺融合发展的主要因素。由于缺乏旅游、舞台演艺融合的高端复合型人才、市场营销人才、产品流通型及高级管理型人才，导致湖南省文旅演艺产业融合发展的内生力不足。

（二）原因

1. 发展旅游与舞台艺术融合的观念还没有形成

旅游开发管理人员主要关注旅游资源的开发，在认识上还停留在"谈旅游就是旅游景区，谈旅游收入就是景点门票收入和宾馆、饭店、旅行社的营业额"，而未将旅游当作一个大的产业或体系进行整体考虑，未将地方文化资源、地方舞台艺术资源、非遗音乐文化资源融入旅游资源当中。

2. 发展旅游与舞台艺术融合的氛围还不够浓厚

当前湖南省的旅游演艺产业还处于初级阶段，演出模式单一化、演出内容单调，缺乏可让游客直接参与或深入体验的活动，缺乏吸引力。同时，旅游演艺质量也不高，无法让游客产生再次观看的欲望。在旅游演艺规划、宣传推介、资金投入、政策支持等方面仍缺乏应有的力度，全省上下大抓文化旅游、抓旅游演艺产业的气氛还未形成。没有深度挖掘自身舞台艺术内涵，一味照搬模仿，多处旅游演艺景区门口都是相同的现代化广场，相同的现代化停车场、现代化售票大厅、现代化购物商店，连商店里卖的文化旅游商品都几乎相同。如此一来便掩盖了旅游演艺景区原有的特色，降低了旅游演艺项目应有的品位，其市场命运可想而知。

3. 旅游与演艺配套设施仍较为落后

这一点主要是针对实景旅游演艺而言。实景旅游演艺周边基础设施较为薄弱，配套设施跟不上游客的需求，距离偏，交通不方便，可进入性差，周边环境不佳，游客的吃、住、行得不到基本满足，承载能力偏弱，没有足够的吸引力。

4. 旅游与演艺产业链条还不够完善

目前湖南省的旅游演艺收入主要依靠门票收入，"行、游、住、食"虽有一定基础，但缺乏相应的规模、档次、实力和吸引力，"娱"和"购"两大要素严重缺乏，在旅游总收入中所占比重较小。有些极具文化和观赏价值的旅游演艺资源没有得到足够的重视，缺少资金投入，没有得到充分的研究、提炼、挖掘，开拓性与激活资源的能力不足，综合效应发挥不好，舞台艺术资源成了玩不转的宝贝。

5. 管理体制还有待理顺

旅游演艺融合景区一直以来都是多头管理体制，尽管国家把文化和旅游融合成一个部门，解决了其中很多问题，但旅游演艺景区的多头管理问题仍然存在，直接造成管理分散、条块分割、各自为营的弊端，加之宏观调控力度不够，使"全省旅游＋舞台演艺"形不成拳头，在市场竞争中的主动性和竞争力大打折扣。

6. 宣传主题还不够突出

在对外宣传上，旅游演艺产业缺乏行之有效的手段，主题不突出，效果不明显，还不能形成鲜明的文化旅游特色。同时在客源市场开拓方面也缺乏计划性、针对性和系统性。

三、文旅融合大势下湖南省舞台艺术繁荣的对策

（一）科学谋划布局，健康有序发展

旅游演艺产业要将旅游作为舞台艺术繁荣的重要载体以及将舞台艺术作为文旅融合的重要抓手，已纳入湖南省"十四五"文化和旅游发展规划，舞台艺术成为打造文化和旅游精品的重要内容。结合湘剧、湘昆、花鼓戏、祁剧等地方剧种及音乐、舞蹈等舞台艺术发展实际和"一带（湘江旅游带）四圈（长株潭、环洞庭湖、大湘西、大湘南）"旅游规划格局，合理规划不同区域舞台艺术发展要求和旅游演艺项目的数量（如长株潭文化底蕴厚实、交通便利，以剧院演出为主；大湘西自然景观优势明显，以实景舞台艺术为主；湘江旅游带、环洞庭湖、大湘南景点相对分散，游客不集中，便以小型非遗舞台艺术为主），做到差异化、特色化、地方化发展，并合理定位演艺市场和门票价格，推动形成高、中、低档相结合，聚集地、分散地互补的演艺市场格局。

（二）创新生产机制，强化激励措施

将"中国梦"等五大重点题材与地方舞台艺术资源、旅游资源融合，实施艺术创作源头工程，通过引进、购买、合作等方式搜集优秀剧本，建立优秀剧本库。试行重点作品项目制、招标制，集中人力和财力打造精品，确立舞台艺术精品工程的龙头地位，充分发挥其导向、引领和标杆作用，并寻找时机将其推向旅游市场进行检验。探索舞台艺术多元投入机制，鼓励社会资本以投资、参股、控股、并购等方式投入舞台艺术和旅游演艺项目。将剧目生产创作资金列入财政预算和旅游发展预算，建立剧目生产扶持制度，提高演艺业产业在各级文化旅游产业引导资金安排中的比重。设立专项奖励资金，奖励在国家级重大舞台艺术评奖活动中取得优异成绩且在旅游市场中获得好的票房的剧目、剧团或剧组，推动省、市、县三级政府联动，并按照有关规定给予记功、奖励。鼓励开拓旅游演出市场，提高主创人员的奖励和酬劳。加大省财政对旅游舞台艺术创作生产的投入，设立旅游舞台艺术生产专项资金。改革和完善省旅游演艺精品工程的投入方式，争取各级财政加大对舞台艺术精品工程和旅游演艺项目的投入，对资助剧目给予资金配套。促进舞台艺术与旅游市场的有机结合，充分展现舞台艺术与旅游结合的发展潜力。

（三）培育旅游观众，拓宽客源市场

充分利用网络进行宣传、营销，提高国内外游客对于舞台艺术的关注度、

购票便捷度以及对剧目的忠诚度，拓宽舞台艺术客源市场，具体方式如下：利用微博、微信、抖音等自媒体，提高舞台艺术的曝光度和知名度；探索舞台艺术作品的互联网化，做好版权保护等工作，将戏曲、歌舞、杂技等观众喜闻乐见的舞台艺术作品通过互联网渠道发布，让居民和游客更方便地感受其魅力；资助建立覆盖全省主要城市的电子票务销售体系，建立多元的销售渠道，为散客提供方便快捷的订票途径；规范市场票价，鼓励和奖励低票价制、套票制、梯度票价制，积极推动传统票务向电子票务转型；建立完善的观众管理系统，通过大数据对游客进行有针对性的营销推送，提高剧场上座率，增加回头客比例；制订会员成长计划，建立季票、年票等模式，增强剧场与观众之间的"黏合力"，以稳定基本客群。

（四）丰富产品组合，拓宽演艺产业链

丰富舞台艺术产品组合，跨界开发舞台艺术衍生品，延长舞台艺术产业链，形成文化挖掘、旅游吸引、商品销售的产业闭环；丰富舞台艺术产品和第三产业的组合模式，创造条件整合演出、餐饮、娱乐、购物等业态，增强舞台艺术产品的竞争能力和营销能力，如长沙的"歌厅演出 + 餐饮"模式，发展"文化演出 + 夜间经济"，培育夜间文化消费群体，增加剧场周围旅游配套项目，辐射带动周边文旅融合发展。此外，还需与电视网络、自媒体等进行同步联动，实现其价值增值。例如，梅溪湖国际文化艺术中心与湖南卫视共同制作的《声入人心》，将剧场、演出融入综艺节目，形成"梅溪湖男孩"品牌，吸引了大批量的粉丝游客，并同步开发了众多线上和线下的衍生品。

（五）推动剧场改革，打造演艺地标区

一是加强剧场和剧团之间的积极合作，提高剧场和剧团应对市场风险的能力，探索场制合一、场团合一、委托经营、院线联盟等运营方式，促进市场化运作，如省演艺集团内各演出团体与湖南大剧院的协同运营；二是利用好现有存量，打造以剧场为引擎的商业综合体，以剧场表演为核心，推动文化、商业、旅游融合发展，如田汉大剧院；三是加强场剧与公共文化空间的合作，鼓励在博物馆、艺术中心、文创园区等文化类场所举行文化演艺活动，打造"演艺新空间"，跨界合作吸引游客；四是深化与旅行社、旅游公司的合作，对湖南省的旅游演艺项目进行升级换代，打造包含特色舞台演艺的线路，开发不同规模的旅游驻场演出；五是加强与政府相关部门合作，进行旅游演艺推广活动，联结湖南省的演艺资源和旅游市场；六是优化演艺场所硬性环境，完善旅游演艺

场所的交通、餐饮、住宿、娱乐等多种形式的配套服务供给，打造著名演艺地标区，如梅溪湖国际文化艺术中心。

（六）强化合作渠道，创新营销途径

既要立足于传统营销方式，也要积极开拓新型营销途径。对于周边常驻观众，仍然要以传统营销方式为主，并注意维护与常驻观众的关系；但对于游客，则可通过与旅行社对接，或通过 OTA 平台、自媒体或影视节目植入等新型营销途径打开游客市场。同时，应与已有知名度的旅游产品进行合作，如乡村旅游产品、红色旅游产品，通过借势营销的方式传播舞台艺术，或通过协同推送方式主动向购买旅游目的地其他产品的消费者推送。此外，还可以将舞台艺术精品列为城市新名片进行宣传推介（如郴州湘昆、常德丝弦等），充分运用 VR 虚拟等多媒体手段，面向目标人群开展体验活动，不断提升推广成效，或是针对目标人群定期推出优惠政策，以吸引更多的游客亲身体验，进一步发挥好"口口相传"在品牌传播中的重要作用。

（七）借助科学技术，创新演艺体验

根据《关于促进旅游演艺发展的指导意见》，演艺产业应着眼于推进旅游演艺产业的转型与升级、提质增效。在提升产品内涵、表演水平的基础上，升级演艺装备，提升科技含量，通过裸眼 3D、光影技术以及音乐、气氛等多维度营造沉浸式体验，让游客走进故事、走入场景，从被动的观看者转变为主动的参与者；利用全息、投影等技术，在为舞台增强舞美效果的同时，还应深入探索科技赋能演艺的路径，让传统故事、深厚的湖湘文化，借助科技的力量，用更时尚、更轻松的方式呈现给游客；充分利用人工智能、大数据技术，更好地研究游客的喜好，提高演出质量，提升观演体验，而《张家界千古情》就是一个好的例子。

（八）加大人才培养力度，完善人才使用机制

应多途径做好旅游演艺人才的培养工作，努力提升省艺术职业学院的办学水平和培养能力，积极发挥其对各舞台艺术门类基础人才的培养作用；通过与省内外知名院校联合办学，有针对性地培养编剧、导演、作曲、灯光、旅游演艺经营与管理等急缺人才。采取委培、代培等多种形式，不断丰富旅游演艺人才的培养模式，努力提升专业人才的综合素质和业务素养。完善旅游演艺人才的培育、引进和使用机制，建立全球性、动态性的旅游演艺人才数据库，比照各级部门引进科技领军人才和高层次人才的政策，面向全国引进各类旅游演艺

人才，打造精英团体。同时，需建立一整套具有优良待遇、人性化管理的人力资源管理机制，为人才的利用和发展创造一个良好的环境。

第四节 湖南省旅游演艺产业化的创新发展

一、业态发展

旅游演艺产业是旅游产业与文化产业碰撞形成的新产物。现阶段游客旅游的需求也呈现出多样化的趋势，这种业态的产生也是一种必然。旅游业的发展促进了旅游演艺产业的发展，旅游演艺产业也为当地的旅游业带来了巨大的经济效益。因此在完善旅游结构、丰富旅游内容的时候，一定要下足功夫，认真开发。旅游演艺产业在带来巨大经济效益的同时，还能很好地宣传当地的民族文化，让更多的人了解当地的传统文化。因此，我们可以说旅游演艺产业带来的是无形的资产与有形的价值，子孙后代都可以享受其带来的恩泽。

本书通过对湖南省旅游演艺产业各大构成要素进行研究及对湖南省旅游演艺发展进行深层次的思考，对湖南省旅游演艺产业的发展提出如下建议。笔者认为，在目前的发展阶段，旅游演艺产业要想健康发展，还需要改进行业的组织形式、改善企业经营方式和发展旅游演艺项目等方面多下功夫，更加注重经济效益。

（一）改进行业的组织形式

1. 完善产品表演形式

在以往的演出舞台中，表演大部分是由人来完成的，演员也大部分都是人，但是现在的表演艺术为了增加表演的趣味性，会训练一些跟人亲近的小动物来表演。这样既能增加游客的观赏兴趣，还能完善舞台，增加舞台配置，使整个舞台效果看起来更加完美。在演出形式上，为了传递民族风情与民俗文化，大多是采用歌舞的形式也可以在歌舞表演中融入一些白话，如演讲等，来强化舞蹈表演的效果。在节目类型上，可以由之前的歌舞类为主，融入一些带有难度的杂技，还有武术、魔术等，借助多方面的艺术手法来宣传民族文化。在表演过程中，游客享受到的大部分都是来自视觉上的冲击，很少有其他感官能感受到整个舞台的效果，因此在完善表演形式的过程中，可以针对这一方面来进行改进。比如游客来到当地之后，经常会被当地的酒文化吸引，所以在表演过程中，表演者可以用一些道具，让表演场地散发一些淡淡的酒香来增加整体的趣味性。

2.加强现场设施建设

（1）精心对旅游演出剧场进行建设。无论什么样的表演形式都要与舞台效果相互照应，让游客在观看舞台整体效果的同时就能了解到歌舞表演中的故事情节，即演出场所要与演出内容相匹配。因此，舞台建设也是完善旅游演出产业的一项重要工作。很多旅游景区依山傍水，有天然的独特美景作为依托，设计者在创建舞台时可以以天然的美景作为背景板，将舞台设置在户外，这样游客在观看演出的过程中，既能欣赏美景又能观看演出。对于室内的演出剧场，可以融合灯光技术，因为良好的灯光不仅能带动整场的氛围，也能调动观众的情绪，而且在实景演出的过程中，有的故事线中有很多的天气变化的过程，可以用灯光来实现天气之间的切换。除此以外，还可以对观众席的座椅进行包装，如在座椅的靠背画上与表演人物相关的图案或者是具有民族特色的标志物。在这样的环境氛围下，观众进入剧场，即使表演还未开始也能让他们感受到浓厚的氛围。当游客们看到这些图案和标识时，会激发他们的好奇心，并对整场表演充满期待。当表演正式开始时，就会给游客带来最直接的冲击。

（2）不断完善周边配套设施建设。湖南省的旅游演艺剧场基本上每一场都爆满，每场会接纳上千人，因此一定要完善剧场的配套设施。必须能够让游客在剧场内行动自如，进场、退场或者上厕所都要有固定的通道，而且要非常显眼。每个剧场外面要配备一个较大的停车场。因为剧场中观看人数众多，有很多人是自驾游玩，也有当地的朋友来观看演出，他们当中有很多都会开车来。另外，因为每场演出的时长大概两个小时，因此在剧场周边要设置一些超市来给游客提供日常用品。还有很多游客有拍照留念的习惯，在剧场内还有剧场外也要设立一些牌坊或者是门头，以供游客拍照留念。虽然门头的设置会增加剧场的成本，但是游客在拍照留念之后，大部分会将照片发布在社交平台上，也可以帮剧场做一些宣传来吸引更多的游客。

（二）改善企业经营方式

1.拓展企业营销渠道

从整体来看，一个企业的营销模式在企业经营过程中是比较重要的，因为销售渠道与销售模式影响着整个行业的发展。但是目前湖南省的旅游演艺产业发展仍然需要做出一些改变。对于旅游演艺产业来说，湖南全省的演艺场所与演艺工作人员数量一直是直线增长的，它们之间已经形成了一个竞争关系。面对激烈的市场竞争，单纯地提高自身的演艺水平是不够的，还要依靠一些营销手段来让大众认识自己。

（1）保持并优化现有的营销方式。对于艺术表演来说，能够发展到现在，其实是有一套固定的销售模式的，但是因为要跟随时代的发展，所以也要进行一些创新，既要保持原有的良好的营销方式，也要对原有的营销方式进行优化。旅游演艺产业长久以来依靠的其实是导游的宣传，导游在带团队游客来游玩时，大多会介绍当地的旅游演艺产业发展，以此来吸引游客。这种营销手段屡试不爽，因此还要继续沿用下去，并在这个基础上还要开拓其他更有效的营销手段。比如当今社会兴起的视频软件抖音、快手等，可以充分利用这些视频软件来进行广告宣传。抖音和快手在中国的用户量已经非常高，因此旅游演艺产业要充分利用这一条件，利用新兴媒体进行营销，与各大媒体进行良好的互动，通过网络手段进行传播。

（2）采用先进的科技手段完善营销系统。先进的科技手段不仅可以应用于城市的生活和生产过程，同样可以应用于旅游事业的发展，旅游景点在票务方面就可以进行这样的革新：针对外国来的游客，可以构建一些与国际接轨的营销系统，针对他们的喜好，专门创建一个数据库，将外国游客的喜好都记录下来；当旅游景点再次设置相关的旅游项目时，也可以将这些信息传达给外国友人。

（3）通过整合营销方式实现集约竞争。在整合营销方式时，湖南省可以借鉴宋城的发展模式。以湖南省的湘西地区为例，湘西地区有很多的演出剧场，我们可以对所有的演出剧场进行统一的规划与管理，然后由各自的剧场承担自己的营销工作，实现集约竞争。这种竞争主要以旅游市场为核心。通过这样的集约竞争，可以使每一个剧场都各自努力改进自己的演出形式与营销模式，并在统一的管理下形成整体的营销模式，这样就可以让湖南省成为全国旅游市场的典范。

（4）加大企业自身的宣传力度。在湖南省众多的演艺公司中，有很多是靠近旅游景区的，因此这些演艺公司也被称为"旅游演艺公司"。旅游演艺公司要充分利用自己的便利条件，在游客密集的地方进行宣传，宣传方式可以是发传单或者是拉条幅，总之要让更多的游客在游玩的过程中发现这里有一个旅游演艺表演剧场。另外，为了吸引更多的游客，还可以在人口密集的地区开展一些公益演出，进行一些小表演，以此来拉近剧场跟游客之间的距离，通过这种方式也能促使游客产生想要去剧场看演出的欲望。对于这些具有天时地利的旅游演艺公司来说，它们还可以创建自己独有的官网，在官网中大力宣传。除了在人口密集地进行公益演出之外，演艺公司还可以与附近的酒店进行合作，在酒店中安排一些广告，当游客晚上回去休息时便可以看到这些广告。

（5）开展营销与促销活动。对于湖南省各地区的演艺项目来讲，它们很少开展营销与促销活动，基本上接待的每一批游客所支付的票价都是固定的。因此，在营销的过程中，演艺公司的运营者可以针对票价来做一些促销活动，比如每到节假日或者是游客高峰期，可以推出一些团购活动。这样的方法可以吸引更多的游客抱团而来，有一些喜欢自驾游的游客也会带着自己的家人来湖南游玩。

2. 重视关系网络建设

（1）加强旅游产业链企业合作关系。在整体的旅游产业链中，旅行社跟景区之间存在一些合作行为，景区可以加强旅游产业链上的企业合作关系来提高自身的影响。不同的旅游团所进行游玩的路线也是不同的，然而这些路线都是由旅行社来安排的，对于景区而言，则可以跟旅行社加强合作关系，引导旅行社多安排一些产业链上的旅行路线。对于大部分游客而言，如果不听导游的宣传，他们无从得知旅游景区附近的旅游演艺剧场的存在，因此，景区有必要与旅行社开展合作，也有必要强化这种合作。

（2）借助于政府的指导与支持。旅游演艺产业是紧跟时代潮流、发展步伐演变出来的新型旅游文化，它需要在政府的有效监管下进行经营，政府应在政策领域多给予它们一些有效的支持，在监管过程中坚决杜绝恶性竞争。一方面，企业要与政府达成共识，共同打造一些能够走向海外的品牌剧场。比如，当地政府可以制定一些政策为演艺剧场的发展指明方向，这样就可以对企业的发展进行有效的指导。在政府的帮助下，旅游演艺产业的发展会更加顺利，也会成为当地一大经济增长点。同样，旅游演艺产业的宣传工作也离不开政府部门的支持。

另一方面，旅游演艺企业每天演出的成本也非常高，它需要一些投资方的支持。在政府的帮助下，演艺企业可以获得更加多元化的融资手段。旅游演艺产业的发展需要吸纳大量的资金来对自己的舞台进行不断的升级，以此来吸引更多的游客。然而，如果没有政府的扶持，省内的小微企业对旅游演艺产业的投资是远远不够的，需要从省外甚至国际上吸引投资来完善自己的表演。

另外，政府要对演艺事业提供相应的政策扶持与管理。而且这些方针、政策的制定，一定要切合旅游演艺产业的实际。为了使政策、方针收获最好的效果，建议政府委派工作人员进驻旅游演艺项目一线来进行调查，切实从游客利益与旅游事业的发展出发。只有深入一线，了解到一线的经营情况，才能真正了解旅游演艺产业的整个市场是怎样运转的。在演艺公司与政府的共同努力下，一定会制定出一套完备的政策、方针以及管理手段。

（三）发展旅游演艺项目

1.创新旅游演艺项目

（1）整合现有产品，进行精细化制作。湖南省的演艺产业已经发展了近百年，在这百年间，湖南省形成了一套完备的演艺系统，涌现出来了大量的品牌剧场。但是也正是在这种文化的驱使下，大量的剧团、剧场开始诞生，到现在为止已经出现了文化过剩的现象。在先前有很多人从事演艺行业，并尝到了甜头，于是很多人蜂拥而上，开始进入演艺行业，想要分一杯羹。但是他们的想法都过于简单，又没有经验，很难再闯出一片天地。于是就形成了湖南省的旅游演艺项目，虽然数量很多，但是优质品牌很少的现象。因此，现在需要对所有的旅游演艺项目进行整合。对于一些规模较大的旅游项目，还是应该让其独立存在，因为它已经具备了一套自己的完整体系；对于一些小的旅游演艺剧场，可以引导他们进行合并，在这样的整合下，小剧场可以把力量集中在一起干事业，这对于它们而言是一种出路，对于整个旅游演艺剧场的管理来说也是一个大的突破。

（2）不断创作新的高质量的旅游演艺项目。就现在的旅游演艺产业的经营来看，最受欢迎的演艺形式是实景类表演，因为在这种表演中游客可以看到天气和场景的变化，对他们视觉上的冲击是比较大的。演艺产业在改革的过程中也要对这种节目进行创新，因为如果一种节目长时间不进行更新的话，游客也会出现审美疲劳，从而降低整体演出的质量与收益。旅游演艺产业的发展一定要迎合游客的需求，这是亘古不变的道理。观众的需求，既有对历史文化的了解，还有对现代文明的喜爱，因此在表演过程中，既要宣传具有民族特色的风俗，也要让游客在表演看到一些具有现代化元素的内容。因此，工作人员既可以借助高科技手段，如灯光与升降机等刺激观众的感官，也可以在这个基础上不断创作新的节目，提升整个表演质量。

（3）进行品牌创新，打造本土演艺品牌。在我们的日常生活中，不管是日用品还是衣服等，都存在品牌的区分，因为我们在选购的过程中一定会看产品的品牌。对消费者来说，大品牌才有保障。旅游演艺产业也确实需要这样的大品牌。游客来到景区后，不仅想欣赏优美的自然风光，也想了解民族特色，这就需要当地的剧场通过演出来满足游客的需求，但是我们每个旅游景点附近都有很多的演艺剧场，游客如何选择也成了一个问题。因此，旅游演艺产业需要创建一个品牌性的演艺剧场，通过知名的演艺剧场、旅游景区进行宣传，旅游景区在宣传中也可以依靠品牌剧场，这样就能实现双向互动，不管是天然风光还是人造剧场，都是吸引游客的重要资源。

2. 丰富加工产品内容

（1）丰富演艺产品内涵。湖南省的湘西地区具有非常浓厚的民族风情色彩，在表演的过程中也要对表演内容进行审核，其中一定要包括当地的民族风情。其实这些民族风情代表着当地文化，融入表演中后，其代表的是整个表演的内涵。整个表演内涵还包括故事的核心、故事的人物以及故事的场所等。剧场在演出的过程中，一定要让游客感受到演出的细节与价值取向，在观看的过程中用歌舞或者台词来打动游客，让他们真正理解当地的文化内涵。

在剧场表演中融入文化内涵的同时，也要考虑到游客能不能理解。这个问题可以依靠市场调研来解决，比如每一场表演结束之后，在剧场的出口向游客散发一些调查问卷，有兴趣的观众可以花一两分钟的时间进行填写，剧场可以把问卷收集起来，分析游客对表演的反馈，以便在以后的表演中适当地加入观众能够理解的文化内容。

（2）增加旅游演艺项目的内容。为了防止游客对演艺产品产生审美疲劳，湖南省演艺事业也一直在更新自己的表演内容，十分注重与时代潮流的步伐同步。因此，湖南省的旅游演艺产业非常注重与高科技进行结合，在以往的舞台中，很少出现升降机这样的舞台效果，而现在，升降舞台已经是湖南省演艺产业的家常便饭。这样的舞台效果对游客的视觉冲击是非常大的，游客在观看的过程中也会有更加深刻的印象。而现阶段 3D 投影技术应用得也越来越广泛，很多湖南省旅游演艺公司在组织演出的过程中偶尔也会使用这项技术。舞台上看似演出，其实演员在与空气进行对话，舞台上是由 3D 投影出来的一个人。应用高科技手段来进行表演的剧场，永远都是位居竞争市场前列的，这也是毋庸置疑的，因为其无论是在表演内容还是宣传形式都领先其他剧场一大步。

3. 实施品牌产异策略

（1）整合产品资源，强势出击。在政府与社会的扶持下，湘西地区很多的旅游演艺企业已经粗具规模，也形成了自己独有的品牌。纵观整个湖南地区，为了整体的发展而让大企业带动小企业，但有时候也需要整合产品资源，对小企业进行扶持。其中这些小企业必须带有浓重的时代意义或者是历史意义，它们必须具有代表性，这样才能作为被扶持的对象。

（2）同类产品错位发展。目前，湖南地区的旅游演艺产业的发展出现了无差异化发展的情况，具体来说就是湘西地区少数民族的文化衍生出了很多的剧场。比如，张家界地区的土家族文化是通过多个旅游演艺剧场来进行表演宣传的，它们的市场竞争也非常激烈。因此在旅游演艺产业的改革中，可以对多个剧场进行整合，或者对它们进行分类，引导它们进行具有不同风俗文化的表演。如果这些剧场长时间都在表演同一种节目，这对土家族文化的宣传也是不利的。从整体上看，如果各个剧场之间的表演形式存在差异，表演内容也与众不同，这样它们在竞争中才会占有一席之地，也就是说，同类产品之间要错位发展。如果在同一个地区出现了多个演出剧场，可以让这些演出剧场错开时间进行表演，这样才能防止恶性竞争的产生。

（3）异类产品大力发展。湖南地区存在着很多大的品牌，比如《魅力湘西》和《天门狐仙》。《魅力湘西》分为室内表演与室外表演两个部分，无论是室内还是室外，都可以给人一种浓重民族色彩的冲击。而《天门狐仙》是在大型山水的基础上进行的实景演艺，在开发旅游演艺项目的过程中，景区可以对这两个品牌进行大力宣传。因为这两个品牌都是非常出名的，而且表演形式也是不同的，表演内容上也有着较大的差距。它们各自有着自己的优势，也有着自己的发展方向。无论是在湖南省还是在全国范围，它们的影响力都是非常大的，并且这两个品牌都是在著名导演的指导下来进行表演的。

（四）增强景区盈利能力

湖南地区旅游演艺产业的盈利能力也是非常强大的，利润每年都在增长，但主要的盈利手段不能靠增加游客的消费，而是要减少自身的运营成本。纵观整个旅游演艺产业的发展，演艺公司不能从舞台经费与演出工作人员的报酬上进行克扣，更不能减少工作人员的数量，因为演出质量在提升的过程中也要增加更多的人手，因此可以控制的部分就是平时的资源浪费。为此，各景区的演艺公司需要从以下几点入手：第一点是演艺公司要把整个演出所利用的资源进行整体规划，在使用过程中杜绝资源浪费的情况，以此减少大量的成本支出；第二点是旅游演艺公司要加强管理，管理有时候是很浪费时间的，因此可以通过培训来提升人员的工作效率，从而减少支出；第三点是开发新的盈利模式，在当今社会出现了很多可以持续运用的资源，比如网络资源，演艺公司可以充分利用网络的宣传效果来增强自己的盈利能力，这样在实景布置中会节省大量的物力与人力，也能提高游客的上座率，从而提高自己的利润。此外，以下措施也可以增强景区盈利能力。

1. 发挥政府推动作用

20世纪90年代以来，我国市场经济处于迅速发展的阶段，湖南省文化事业受到中央重点关注，湖南地区的文化事业得到巨大发展，因此一些地方剧团也开始涌现出来。在政府政策的推动下，湖南省的各个剧团不断转变观念，充分利用各级政府的扶持政策，进行了一系列的体制改革，并制定了相应的管理政策。

首先是对湖南省的演艺体制进行改革，主要是对剧场单位进行转企改革，由原来的演艺团队转换成现在的企业管理。对于每一个演出剧场来说，它们都是一个独立的企业，都是生活在整个市场竞争中的一分子。体制的改革就要面临市场的竞争，市场的竞争也要在政府的合理监管下进行，不能为了利润展开恶性竞争。竞争的主要作用是促进各个企业进步，共同努力，共同打造出具有湖南省特色的旅游演艺产业。长期以来，制约湖南省文化发展的一个原因就是公益性演出较少，大部分演出都是收费的，需要人们购票进行观看。虽然每一场演出都爆满，但是没有看过演出的人有很多，不了解湖南省的民族文化的人也有很多。因此，企业需要在外地多进行一些公益演出，以增进人们对湖南省的了解，在观看演出的过程中，人们也会被湖南省的风土人情吸引过来，同样也会增加湖南省的旅游业收入。

总之，在推进湖南省演艺业体制机制改革时，第一要解放思想，转变思想观念，改革的态度必须坚决，行动必须迅速，努力增强市场竞争意识，达成卸除体制束缚、释放文化生产力的共识，根据实际情况，分类、分区域逐步改革。2012 年，在湖南省委、省政府的领导和省文化改革发展领导小组的推动以及各个地市州政府的积极配合下，国有文艺院团等经营性文化单位体制改革全面完成，全省 90 家国有文艺院团，除了确定 5 家保留事业体制外，85 家院团全面完成改革任务，其中转企改制 74 家，占 82%，划转为传承中心 9 家，占 10%，撤销 2 家，占 2%（见图 5-3）。

第二就是我国现在有很多的国有剧团，自从这些剧团变为国有之后，不仅职工的身份也发生了改变，劳动人事制度也发生了改变。因此，剧团在经营管理的过程中，要积极地转换内部机制，对聘用的员工也要进行绩效考核，这样才能使整个剧场在市场竞争中存活下来。

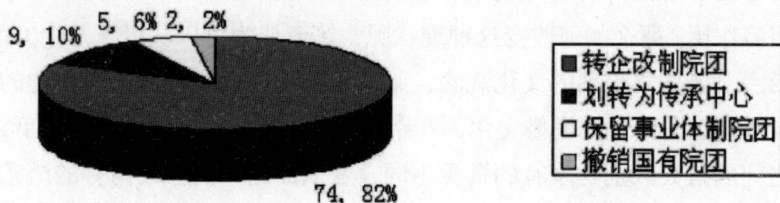

图 5-3　2012 年湖南省国有文艺院团文化体制改革完成情况

第三从旅游演艺产业的长远目标来看，湖南省文化单位需要对整个文化产业进行掌控和推进。相关单位可以根据一线的实际情况以及市场的整体经营情况，制定一些可持续发展的长远规划。在政府的引导下，整个市场需要共同努力。在演出方面，政府也要给予大力支持，比如适当增加一些文化艺术活动，不断提高群众的参与力度，在文化创作上，要结合人民群众的需求，积极扶持一些小型的文化企业。

另外，在旅游演艺产业发展的过程中，也要制定相应的管理政策，这些管理政策的制定需要结合湖南省演艺产业的实际发展情况，在鼓励地方投资的过程中，也要引进一些外地投资，从而提高演出的舞台效果。在鼓励艺术投资公司进行投资的过程中，也要给予它们一些权利，可以由它们来主导演艺市场的行为等，但是这些工作一定要透明化，一定要在政府的监管范围内进行。比如，2012年4月，武汉剧院、江西艺术中心与湖南大剧院进行了联合演艺联盟，这种共同演出成功激活了演出市场。

2. 利用演艺杠杆作用

旅游演艺产业服务的一直都是广大人民群众，他们作为消费者在付出经济代价的同时，也要给予他们相应的文化回报；演艺产业在宣传民族文化的同时，要让消费者感受到钱花得值。而文化市场要起到一定的杠杆作用，在调整市场结构的同时，也要推出一些有价值的文化艺术产品作为交换，在深化内容的同时拓宽自己的投资渠道。

（1）努力调整演艺业市场结构。针对目前湖南省演艺产业的发展，依然存在一些较为明显的缺陷，就是区域发展之间的不平衡。以省会城市长沙为例，长沙的演艺产业发展得顺风顺水，剧场的观众数量一直在不断增长，剧场的工作人员数量也在逐步增长。而纵观长沙周边的地区，一些地级市或者是乡镇中剧团的发展就不是那么顺利了。不管是人力、物力，还是财力，它们跟长沙市的剧团都没有可比性。这种现象对于创建"文化大省"和"文化强省"具有一定的阻碍作用。那么如何改变这种现状呢？笔者认为可以从以下几个方面入手。

第一，要树立正确的文化观念，无论是长沙市的剧场演出所传达的文化，还是乡镇地区所传达的民俗文化，两者之间是没有任何差异或者是高低之分的。它们之间的最大区别是享有的资源不同，受众面也不同。湖南省的演艺产业主要宣传的是本地的一些具有民族特色的风俗文化，但在宣传自己文化的同时，也要引进其他的文化。只有这样，游客在观看的过程中才会有一些新鲜感，他们才能感受到各个民族之间的文化的互通性。湖南省总共有 19 种地方剧种，但是这些剧种并不是都得到了很好的宣传，有很多剧种已经没有了传承人，濒临消亡。那么如何打破这种困境，使得将要消失的地方剧种继续传承下去呢？笔者认为，政府应该发挥其重要的领导能力，为这些地方剧种吸引一些投资，以吸引一些艺术从业人员来进行学习，靠这种手段将这种剧种保留下来。

第二，要充分利用一些大品牌的旅游演艺项目，比如张家界的《魅力湘西》，因为其名气大，所以游客非常多，有很多游客都是从外地慕名而来，因此用这样的舞台进行宣传也是十分有效的。

（2）不断创新演艺业节目内容。在市场经济的众多诱惑下，有很多的经营者只顾挣钱，只顾自己的利益，一味地迎合观众，甚至在艺术表演过程中加入一些低俗的文化，将真正的民俗文化抛之脑后。这样的表演是在玷污整个文化市场，应该极力杜绝。

因此，政府部门应对这种市场行为进行严格的监管，并加大对演艺从业者的执行力度，制定完善的法律法规，坚决杜绝"黄赌毒"在文化市场中的出现。另外，市场的经营者也要遵循市场规则，遵循法律规定，坚决摒弃这种行为。其次，从文化市场的经营者角度出发，应加强对他们的文化教育，只有让他们深刻了解到文化宣传的重要性，他们才能在日后的经营过程中严格要求自己，严格对待市场、对待观众。而对于演艺产业的从业者来说，最重要的事是要提高自身的文化觉悟以及提高自己对文化的认知。演员在舞台上演出不仅是为了盈利，最主要的是宣传文化。对于少数民族来说，能够让大众了解到自己的风俗文化是很高兴的。因此，经营者一定要以传承经典、引领时尚、弘扬民族文化为自己的经营准则，无论是在经营或者是生活中都要遵循这个底线。演艺产业是在向广大人民群众传播高雅的民族文化与民俗习惯，演艺行业从业者在让外来游客了解新生活、新体验、新文化的过程中，也要认真负责地创建一个高雅的舞台。现如今市场竞争越来越激烈，演艺产业绝不能通过一些低俗手段来使自己在市场中占有一席之地，只能通过不断地改进和升华自己，创造出更好的舞台节目来吸引更多的观众了解当地的风俗习惯，这才是唯一的出路。湖南省最著名的红太阳演艺集团已经设立了很多大型剧场进行演出，而且对风俗文化的宣传做得非常到位，不仅在国内产生了很大的影响力，还经常带自己的团队去国外进行演出，也让世界了解到了湖南省独有的特色与文化。

（3）倾力打造演艺产业品牌效应。品牌效应的能力是不容小觑的，在生活中，品牌效应每天都在发生，因为人们每天都在消费，即便是在没有品牌的市场中，人们也基本上会去自己喜欢的商铺进行消费，这就是品牌的力量。随着时代的发展，品牌已经成了市场经济中的重要标准。品牌既可以为经营者带来更多的经济效益，也能被当地的文化作为宣传手段。

要想打造出一个具有代表性的品牌，首先要加大投资，这就需要政府的帮助来进行融资。政府可以从外地引进一些企业来对省内的文化事业进行投资。还有就是在投资之后要进行大力的宣传，因为成为品牌的第一步，就是要让人们知道它的存在，因此，要大力依托报纸、电视和网络等渠道进行宣传，广泛跟媒体合作。其次，连锁经营是扩大品牌影响力的一种主要手段，先依靠宣传手段将一个当地品牌打造成广为人知的演艺品牌之后，可以将这个品牌进行连锁分布。连锁的要求不能放低，也是要由当地的人组成。因为能够代表少数民族文化和风俗的一定是这些少数民族的人，剧团可以定期安排他们到外地去演出，利用连锁的品牌优势进行宣传。目前，湖南省红太阳演艺集团在当地已经有很多的连锁演艺歌厅，而且做得非常成功。此外，红太阳演艺集团还将自己的品牌拓展到了省外，创建了具有标志性的剧院。而且，这些歌厅甚至发展成了某些地区的标志性建筑之一，一提到这些歌厅，人们就会联想到某个城市。

（4）进一步拓宽演艺产业的融资渠道。到目前为止，湖南省体制改革已经深入到了每一个文艺角落，在演艺方面民营资本的占比还是比较高的，但是它们也都处在政府的监管之下。除去这些民营资本对演艺产业的投资，湖南省还需要在省外扩大自己的资本调控与融资渠道，建立合法的融资渠道才是重中之重。在融资的过程中，一定要以市场的实际情况为准，并以此建立坚固的纽带。

首先，湖南省的演艺产业要加强宣传力度，在宣传的过程中改变大众对湖南省文化的看法，增进他们对湖南省风土人情的了解，进而可以通过这些宣传来引导大众的舆论导向，这样就可以让投资方看到湖南省的演艺产业的发展前景和经济效益，从而引进更多的外来投资。2012 年，国际文化产业博览会在深圳开幕，湖南省的文化产业有 18 个项目在现场正式签约，其中"大改革、大发展、大繁荣"的主题已经成了文化潮流，而且其能够充分展示湖南省湘西地区的文化产业，以张家界为首的大品牌，吸引了众多在现场的观众，观众可以在互动过程中了解更多湘西民族的风土人情。在打造"中国演艺之都"的新闻发布会中，张家界正式揭牌成立了魅力传播集团。多元化的演艺体系已经形成，湖南省的演艺产业逐步在政府的引导下融资控股，并对市场进行了充分的开发，已形成了一套独有的体系。

3.培养创新演艺人才

决定未来发展的是人才。任何行业的发展都离不开人才，而且自古以来人才都是最受重视的，因为他们在企业或者团队的发展过程中起到了重要的引导作用。在湖南省的演艺产业的发展中，人才的力量也是不容小觑的。首先，演艺公司的运营者要给予人才保障，保证他们能够留下来发展。其次，要拓宽人才培养渠道，让更多的人激发自己的潜能，挖掘自己的能力。不管是哪个民族的文化，都具有一定特色，湖南省的演艺产业在宣传自己文化的同时也要接纳其他的外来文化，因此，在人才培养方面，演艺公司的运营者可以指派人员去其他地区的民族文化重点培养区，让他们在当地相互学习，开拓自己的眼界，充分提升自己。另外，要完善人才的激励机制。运营者既可以允许人才晋升、参与管理，也可以允许人才奋战在表演一线。当已被认定的人才进入管理层后，还要给予他们丰厚的奖励，以此激励他在日后的工作中更加努力前进。

而对于湖南省的演艺产业的发展来说，管理方面的人才十分欠缺。要想改变这一现状，可以利用以下手段：第一要完善自己的人才引进机制。有很多奋战在表演一线的工作人员没有机会去做管理工作，他们处于一线，对表演有着自己独特的见解，也对所有的流程有着清晰的认知，因此让他们从事管理工作是非常合适的。第二是充分利用各大高校培养出的人才。虽然每个高校都会培养相应的管理人才，但是他们大部分都流向了其他产业，很少有人会留在文化产业，因此演艺公司也可以去高校直接招募人才。

二、实例探究——《天门狐仙》

（一）剧目开发背景

《天门狐仙》是对传统花鼓戏经典剧目"刘海砍樵"进行的创新和改编。它的成功并非偶然，而是契合时机、顺应市场需求而生的旅游文化产品。2008年、2009年是文化大发展、大繁荣、人民生活水平得到阶段性提高的特殊两年，人们的旅游消费方式也随着经济收入的提高而发生了转变，不再满足于陈旧、枯燥的传统旅游模式，渴望新兴文化旅游产品，加之旅游实景演出的火热兴起，其所带来的巨大经济、社会效益更说明了这条文化与旅游联姻之路是创新旅游市场的正确途径。不仅如此，它还能改变传统文化如今尴尬的处境，挽救非物质文化遗产，使其得到传承和发展，让更多的外国人在将来还能有幸欣赏到中国悠久而灿烂的民族文化。于是，在时代的召唤、游客的期盼下，《天门狐仙·新刘海砍樵》腾空出世。具体来讲，《天门狐仙》的开发背景如下。

1.传承民族文化

京剧是我们国家的国粹。由此可见，戏曲在我国传统文化中所占的地位也是非常高的。湖南省的戏曲更是传统文化的精髓，它们曾经红极一时，在从前那个年代，无论经历什么挫折和洗礼，都经久不衰，并且很好地流传了下来。但是，戏曲的发展也要与时俱进。经常听戏曲的人可以发现，其实传统的著名桥段总共就那么几个，而且在反复听的过程中也会出现审美疲劳，甚至会产生厌烦的心理，因此戏曲同样需要创新，需要对它的艺术内容进行改革。在这样的时代背景下，曾经不起眼的花鼓戏被重新注入了新鲜的血液，逐渐走上舞台，变得家喻户晓。其全新的审美需求符合现在社会的标准，更符合广大人民群众的审美。因此在现代戏曲的文化发展过程中，花鼓戏得到了广大人民的认可。

花鼓戏的代表作就是《刘海砍樵》。然而，在现阶段，《新刘海砍樵》同样以花鼓戏为主体，并以天门山景区的峡谷和自然风光为背景，通过现代化的艺术表演形式向游客传递了湘西地区的风土民情与风俗文化，使得全国各地的游客对湘西都有了一个基本了解。同时，创新后的作品还向大众展示出了湖南人民是如何进行劳作的，从中可以看出湖南人民质朴、勤劳的精神。《新刘海砍樵》既尊重传统又尊重时代的发展，在勇于创新的道路上取得了巨大成功，由此可见，这种新型的艺术发展道路是一条正确途径。

2. 塑造城市名片

爆红的《刘三姐》吸引了全国乃至世界各地众多的游客慕名而来，它的吸引力在某些时期甚至超过了其他所有的自然风光景区。在 G20 峰会期间，《刘三姐》又进行了很多创新，带来了很多视觉冲击，让杭州彻底地火了一把。由此可见，文化艺术演出无论大小，都能够给观众留下深刻的印象，不仅提升了城市文化，又能增进广大人民群众对城市的认识，也就是说，它很好地塑造了一个城市名片。全国其他地区也从这一事件中看到了城市名片所蕴含的价值。城市可以依靠实景演出来博取人们的关注，再通过各种的努力，融入一些自己独有的风俗文化，创造出自己独有的城市名片。

通过历年的数据可以看出，旅游演艺产业的投资规模越来越大。纵观整个中国地区，百万元以上投资的旅游演艺剧场已经超过 200 多个，这说明我国著名的旅游景区都有了自己相应的旅游演艺剧场，它们的共同性就是可以宣传当地的风土民情。每一个旅游艺术演艺项目都有自己的独特性和差异性，既要保留自己的特色，也要跟其他地区的演艺项目保持差别，无论是在视觉还是听觉上，都能带来震撼的效果。这不仅是为景区做宣传，更是为整个城市做宣传，使每个剧场都成了城市名片。

3. 创新旅游市场

与发达国家相比，我国的旅游产业发展的速度还是较为缓慢的。主要原因是我国的经济发展水平和人民生活水平相对偏低。但是随着我国经济的日渐发展，对第三产业的要求也在逐渐升高，并且第三产业在人们的生活中所占的比重也越来越大了。第三产业中的文化业和旅游业是政府的关注重点，因为文化是学不完的，而且文化之间是互通的，我们在了解不同文化知识的同时，也是在丰富自己。2009 年是我国文化事业发展的大年，对于各地的旅游文化产业来说都是急剧增长的一年。在这一年，文化的传播速度以及广大人民群众对文化的接受程度都取得了巨大进步。相应地，政府也出台了很多利好的政策，比如《文化产业振兴计划》《关于加快发展旅游业的意见》《关于促进文化与旅游结合发展的指导意见》等。这些政策的出台无疑证明了一点，那就是国家越来越重视文化产业的发展。因此，创新旅游市场、向国际看齐也成了国家扶持文化产业的重中之重。

4. 满足游客需求

大部分人的旅游模式都是"白天游玩晚上睡觉"。这种游山玩水的形式过于枯燥，于是为了满足广大游客的需求，各个地区开始涌现出了旅游演艺产业。旅游演艺产业是顺应广大人民群众的需要而诞生的，其主要是为了解决游客在游玩过程中身心劳累、无法放松的难题。回想之前的旅游景点，大部分都是清一色的酒店或者是饭店，而现在的旅游景点附近有大大小小的演出剧场，它们都是游客的放松之地。在白天的游玩结束后，游客一定是身心劳累的，因此在晚上睡觉之前可以在剧场中享受一下舞台带来的视听冲击，缓解一下自己的劳累心情。最重要的是人们的生活水平越来越高，他们在外旅游的要求不再局限于游山玩水，而是想满足自己的精神需求，演艺产业的诞生也恰恰解决了这一难题。各位外地来的游客在当地不仅能够欣赏到著名的风景，还能在剧场了解到当地的民族文化。这样的游玩过程对于他们来说一定是回味无穷、终生难忘的。

5. 促进经济发展

在人们以往的消费模式中，大部分是为了解决人们在生活中的需要而进行消费，很少为了满足精神需求而进行消费。但是现在经济发展得越来越好，人们对第三产业的需求也逐渐旺盛。人们的经济消费投入由之前的生活必需品占比较大逐渐转向了第三产业的服务业占比较大。其中，具有代表性的就是一些相声社。经过市场调查发现，全国各地相声社的收益逐年上升，人们在提升生

151

活质量的同时也在逐渐地提升自己的精神文化水平。以湖南省为例，张家界地区是由高山和峡谷组成的，一般游玩张家界地区需要一天或者两天的时间，这在体力上是巨大的消耗。很多游客在游山玩水之后，由于身体过度劳累就选择回去休息了。如果单纯地依靠人们游山玩水来促进当地经济的发展，也是不现实的，因为游客的思想观念已经改变，如果他们知道当地有一些特色演出，可能会留下来观看，因为看演出也是一个放松身心的过程。

娱乐消费在人们的生活中已经逐渐从选择消费变成了必须消费，因为现在的生活节奏比较快，人们的身心在劳累之后难以得到放松。旅游演艺产业是顺应时代潮流的产物，它们可以留住观众、刺激观众的消费，同时还能提高他们对景区的认识和对当地风俗的了解。旅游演艺产业还可以带动其他产业的发展，因为观看演出需要购买门票，而且每一场演出时间都是在两个小时左右，在观看完演出后，游客一般都会选择在附近的酒店住下，这样还能带动其他消费。

（二）演艺特色

张家界地区的旅游文化发源于 1990 年，在 2006 年的时候达到了鼎盛，而且是常年逐步增长，经久不衰。张家界地区的大型实景演出《新刘海砍樵》已经被广为流传，受到了国内外游客的喜爱，每一场演出都爆满。而且，《新刘海砍樵》作为世界上首个以自然山峰为背景的舞台，其独特的故事主线和故事情节又是整个演出的重点，不仅可以吸引众多的游客在此观看，还能让他们流连忘返，被誉为"新时代的顶梁柱"。在 2010 年中国文化发展贡献会上，该剧目凭借动人的剧情与独特的舞台魅力夺得了最高奖。

1. 演艺内容

（1）剧本来自人狐恋情传说。在古代，人民群众的知识是有限的，因此他们有很多依靠想象力创造出来的剧情流传至今，非常精彩，比如《聊斋志异》。其看似在讲鬼神故事，其实是在表达人们内心的想法与愿望，在其中的很多故事中，我们都可以感受到作者想要表达的思想感情。

《新刘海砍樵》就是在传统花鼓戏《刘海砍樵》的基础上进行改编的。它的大体内容没有进行过多的更改，主要改变的是它的表演形式。从传统的单纯的人物表演，变成了融合高科技舞台进行的表演，更加地吸引观众。《新刘海砍樵》以其独特的人物性格和故事情节，吸引了众多的游客前来观看，而且它作为我国的精品文学作品被广为人知，其中所表现出的正直、勤劳、孝顺等高贵品质是每个人应当学习的。

《新刘海砍樵》的剧情中融入了很多的童话色彩，比如成千上万的狐狸王国，其中每一只狐狸都很有灵性，与现阶段人们的价值观有很多的相似之处，因此游客在观看的过程中能够产生共鸣，而且其中的剧情设置也非常合理，游客在放松身心观看剧情的同时，还能学习劳动人民的善良与勤劳品质。更重要的是，游客不仅可以从中了解女性追求独立的决心以及渴望爱情的勇气，从它独特的故事节奏中，还可以体会到整个故事的精神与其中蕴含的道理。

（2）千肠百转表演断桥相聚。《新刘海砍樵》进行改编后，可谓剧情跌宕起伏、有说有笑、有喜有悲，能够让人感受到其中的情感变化以及夫妻之间的真挚爱情。游客们在观看其中的孩童嬉戏玩耍时也能联想到自己的童年，里面所体现的安静祥和也是我们真实生活的写照。其中的剧情有狐狸大王要选妃，而白虎想要嫁给自己的梦中情人刘海等。这样的爱情故事在我们现实生活中也是存在的，甚至说有些人正在经历。《新刘海砍樵》以其独特的剧情与千回百转的故事情节，吸引着众多的游客，人们看完久久不能忘怀。

2. 演艺特色

在 21 世纪的今天，实景演出早已不是稀罕之物，随着人民群众的生活水平得到大幅提升，精神需求也在进一步增加。《新刘海砍樵》自 2009 年问世以来受到广大人民群众的好评并广为流传，在人民群众中的口碑一直都非常好。究其原因主要是《新刘海砍樵》相对于原本的剧情做了修改，所表达的中心思想也更加明确、更加贴合实际、更加符合 21 世纪时代的潮流。《新刘海砍樵》凭借独特的演艺特色获奖无数，更是在国外获得了很高的评价。因此，一个好的作品要想在文化事业市场中存留下来，具有自身的特色是非常重要的。《新刘海砍樵》最大的特色有以下两点：

（1）自然风光与人文历史结合。实景演出最大的特点就是将舞台搭建在实景之上，其依托的是高山、峡谷、河流与瀑布。这种将自然风光融入表演中的形式是湖南省发展旅游演艺产业的常用手段。但是《新刘海砍樵》融入的自然风光以及舞台选用的玻璃都最大限度地还原了原始自然的质感，游客在观看演出的过程中可以跟大自然融为一体，感受到青山与溪流就在自己的身边，从而形成一种"天人合一"的效果。

在这样一个风景秀丽的自然环境中，游客们更能感受到刘海与白狐的爱情故事是多么的凄美、多么的震撼！从中还可以看到湖南人民的善良与朴实，演员在表演过程中融入了各种民歌与通俗舞蹈等元素来展现湖南人民的原始生活场景，比如小溪边有女人在用洗衣槌洗衣服等。这样的场景在古代的湖南地区是非常常见的，甚至是每天都会发生的。通过这样一些细节，游客们可以感受到湖南人民生活的酸甜苦辣。

（2）民族文化与现代科技相衬。时代在发展，国家也在进步，然而时代与国家进步的重要标准就是科技水平的提高。湖南省的演艺文化虽然历史悠久，但在尊重传统的同时也应加入一些高科技元素，这样才能真正地融入21世纪发展的潮流，做到与时俱进。但是演艺产业在引进高科技时也要保持一颗初心，不能完全摒弃自己的传统，也不能让高科技蒙蔽了双眼，演艺产业最终传递的不是高科技产品，而是风俗文化。演艺公司的运营者既可以借助高科技升级舞台效果，也可以利用高科技更好地展示民族文化。《新刘海砍樵》的演出就做到了这一点。整个演出包含人物对白、歌舞、灯光以及其中的天气变化、人物心情变化，这些可以借助高科技手段来实现。在灯光的闪烁中，游客可以观看到故事情节的变化以及主人公心情的跌宕起伏。高科技还可创造升降舞台，提升整个作品的视觉效果。

精彩的剧情虽然能给舞台本身带来传神的舞台效果，但是如果能够依托高科技的帮助，作品一定能吸引更多的游客慕名而来。文化的发展离不开科技的融入，文化在发展的同时也不能脱离社会的发展步伐，因为人们的关注点不单单是当地独有的特色文化，还要加入一些新鲜的元素来激发他们的观看欲望。《新刘海砍樵》的上座率是有目共睹的，受到广大人民群众的喜爱，它一方面依托得天独厚的自然环境另一方面依托高科技的支持，不管是软件支持还是硬件支持，带来的升级都是巨大的。当主人公白狐伤心欲绝时，灯光开始闪烁，瀑布也变成白色，这时观众可以通过高科技手段感受到主人公的心情变化，而当白虎与刘海相聚时，整个山谷突然明亮了起来，也预示着二者的心情开始变得愉悦，天和地都被感动了。另外，观众在观看演出的过程中，两侧是有大荧幕的，大荧幕上有时会播放一些故事情节的旁白字幕等，这些也是高科技的体现。

3. 演艺创新

在演艺创新上，《新刘海砍樵》做出的创新也是独树一帜的，可以作为教科书式的创新表现。《新刘海砍樵》自问世以来广受好评，受到了广大游客的一致欢迎，好多人都是慕名而来，已经变成了同行业中的佼佼者。《新刘海砍樵》更是获奖无数，受到了市政府与省政府的高度赞扬。这个作品是民族文化与旅游文化的完美结合，它是旅游演艺产业经营的典范，其中包含的艺术性与商业性都是其他作品不能企及的。它在表演创新上的特色包括如下两点。

（1）音乐元素多元。《新刘海砍樵》中包含众多音乐元素。在伴奏乐器方面，它应用了很多的中国传统乐器，比如唢呐、二胡和鼓等。为了迎合时代的发展，它又加入了西洋交响乐与现代电子音乐，将这些音乐元素全部融合到一起，因此其音乐特色也是独一无二的。在演唱方面，为了宣传民族特色，所以它的主要演唱是原生态唱法加上民族山歌小调，且在演唱过程中又融入了现代美声的唱法与电音，受到广大人民群众的好评，也有很多年轻人对这样的表演形式竖起了大拇指。音乐之间是没有界限的，文化也可以在音乐之间穿行。面对不同的故事情节与不同的人物所展示出来的人物性格，演员可以利用不同的方法进行表达，这样既能丰富人物又能丰富故事情节，还能提升整体的舞台效果。在进行音乐表演的同时，还可以加入一些现实生活中的声音，比如当采用唢呐、锣鼓等乐器一起伴奏时，可以掺杂着孩童的啼哭声和跑步声，从而营造出一幅祥和画面。

演员用湖南方言民族唱法演唱《把尿舞》《洗衣妹下山》《刘海》等歌曲时，加入了特有的桑植民歌、茅古斯舞、土家族打溜子等民族歌舞，如桑植民歌《棒棒儿捶在岩板上》："郎在高山打一望（哟呵）姐在（哟）河下（吧）（情郎哥哥儿喂，咿吧）洗衣裳（咿哟）。"与之风格截然相反的是，《新刘海砍樵》第四幕用忧伤、空灵的通俗唱法，一首《真爱了》和一首《我哭了》道出白狐心中无尽的挣扎和悲伤以及一生只为一人的誓言，让观众也跟着她心痛万分；此外，它还加入了百老汇经典音乐剧中的歌剧唱段，如在第四幕中合唱歌队反复吟唱的"可有谁见过狐狸会流泪，可有谁见过狐仙这么美，是谁让天地也动容，是谁让世人都羞愧"让人听起来朗朗上口、如痴如醉。

（2）歌词风格多变。谭盾为《新刘海砍樵》作了曲。对于他来说，可以将《刘海砍樵》打造成一个音乐剧，他将一些华丽的音乐加入其中，创造出了很多气势磅礴的场景，并且准确把握住了"雅"和"俗"之间的度。在创作方面，跟他的音乐一样，既有风趣幽默的一面也有感动使人落泪的一面。而歌词的创作也是根据故事情节与人物性格来设定的，里面有很多经典的片段，其中掺杂着很多的方言，虽然有些游客看不懂，但是他们在歌词与歌曲的创作中能够理解剧情所要表达的内容，那些听起来很难懂的方言却别有一番风味。

（3）舞美效果绚烂。在舞美方面《新刘海砍樵》也是付出了很大的努力。在以往的表演中，创作者过度注重故事的剧情与人物性格的诠释，但忽略了舞台的整体效果，忽略了舞美的重要性。随着演艺事业的发展，人们的需求越来越高，舞美即使不被人们特别关注，也会被人们的余光注意到。因此，《新刘海砍樵》的成功离不开它的舞美效果。不管是实景中的自然风光还是高科技设备带来的特殊效果，都给了游客特别多的惊喜，为了更好地使游客在观看时与大自然融为一体，舞台中应用了很多的玻璃设计，让游客在其中好像进入剧情一样。

大量的高科技项目的融入也使演出的效果十分震撼，如一些机械手臂吊起的飞桥广受游客好评。这样的设定是为了让故事中的男、女主人公在桥上相会，这一设施在目前世界的文化表演中是数一数二的，也是极具代表性的。机械化的舞台与高科技灯光的配置都为舞台增添了美感，舞美效果也在这种元素的融入下得到了提升。据统计，整个剧场的大型灯光有 1 100 盏，中小型灯光 2 800 盏，而且剧场更是应用了美国的防水音响设备，这种音响设备的音质是非常独特的，可以使游客产生身临其境的感觉，并且在山谷之间还能听到回声。《新刘海砍樵》的舞美不仅在于它的灯光，而且在于它的高山及流水。灯光照在流水上，给人的感觉也是非常美妙的，从整体上营造出一个绚烂的画面。

（三）存在问题及对策

《新刘海砍樵》自问世以来就获奖无数，既得到了广大人民群众的认可，也得到了政府与相关单位的扶持。在这样广阔的发展前景下，其在竞争激烈的市场中逐渐占有了自己的一席之地。虽然它的地位越来越高，获得的荣誉也越来越多，已经成了张家界的一张城市名片，但是它的经济效益并不是很理想，相比《魅力湘西》，差距还是很大的，从接客人数与营业额来看，《新刘海砍樵》仅是《魅力向西》的一半。经过调研和观察，《新刘海砍樵》与《魅力湘西》的精彩程度不相上下，但是票房差距却如此悬殊，其原因和对策如下：

1. 制约因素

（1）天气阴晴不定，影响票房。《魅力湘西》的演出分为两种：一种是室内演出，一种是室外演出。而且这两种演出所占的比重也是非常悬殊的，大部分人会选择室内演出，很少观看室外演出。《新刘海砍樵》之所以会和《魅力湘西》产生如此大的差距，主要还是因为天气。《新刘海砍樵》受制于它的演出条件，即实景演出、依山傍水、以自然环境为依托、在室外进行。如果遇到恶劣天气，便不得不停止演出。所以，天气的变化成了《新刘海砍樵》演出的一个硬伤。《新刘海砍樵》的演出时间，每年会安排 9 个月，而 10 月份之后的张家界夜晚是非常寒冷的，尤其是山谷中会夹杂着一些寒风，会给游客的观看带来非常不好的体验。在寒冷的天气下，如果还夹杂着一些小雨，对于游客的打击是更大的，他们不愿意顶着这样的恶劣天气，以身体为代价来观看演出，在这种天气下，《新刘海砍樵》的上座率只有 43%。因此《新刘海砍樵》的演出就分为了淡季和旺季，每年的旺季是 6 ~ 7 个月。而且，《新刘海砍樵》是实景演出，不管是淡季还是旺季，每天的演出最多一场，并且只能在晚上进行。而《魅力湘西》室内演出在旺季可以每天安排两场，而且可以做到全年无休，因为它并不受天气的制约。

（2）地处深山老林，交通不便。在交通方面，《新刘海砍樵》的演出场地处于深山老林之中，交通相对来说不太便利。而天门山距离市区比较近，游客聚集一般都会在国家森林公园，而恰好《魅力湘西》就处在国家森林公园的中心地段。另外，国家森林公园的游玩时间也是比较长的，对体力的耗费也比较大，所以游客在国家森林游玩的时候，一般不会选择前往更远的地方休息，或者再到更远的地方去游玩，大多会选择比较近的《魅力湘西》来进行身心上的放松。对《新刘海砍樵》场地的交通不便，政府非常重视，拨款 1.6 亿元修通了机场到市区的道路。但是这段路程并没有直达公交，自驾也最少需要一个半小时才能到达，因此散客前往《新刘海砍樵》场地观看演出就变得非常不便。

（3）宣传力度不足，观演产品单一。张家界拥有得天独厚的天然条件，吸引着众多的游客前往，但是张家界地区的旅游演艺产业的发展遇到了阻碍，因为张家界地区已经形成了自己完善的旅游演艺管理体系，各种演出应接不暇，可以供广大人民群众随意选择，而且每个人都能在这里找到自己的爱好。但张家界地区一些小型的演出剧场已经不堪重负，在激烈的市场竞争下逐渐退出了市场，主要原因是虽然湘西地区的剧场演出广受人们好评，宣传力度也比较大，但对于很多中小旅游演艺项目来说，它们的宣传力度不足，导致了其上座率不高，甚至亏本。

2. 解决策略方案

（1）升级观众席位，完善观演环境。由于《新刘海砍樵》的演出场地受天气的制约，因此运营者应该对演出场地进行一些升级。实景演出仍然保留，重点针对的是观众席，要尽量让游客在恶劣天气下感受不到恶劣天气带来的影响或者是减轻他们在这样的环境下观看演出的痛苦。比如可以设立雨棚，在不遮挡游客观看视线的情况下，又能替他们挡住风雨；或者可以在每个座椅下面设置加热功能，即使有寒风，也能让游客在加热座椅的帮助下，让自己的身体不那么寒冷，防止游客受凉感冒。

（2）联手景点宾馆，设立直达班车。交通的不便利使得游客前往观看《新刘海砍樵》的数量大大减少，因此演艺公司可以跟政府协商，设立一条专属的公交路线，这样不仅可以接待散客，也便于整体管理。此外，往返的公交价格也要尽量放低，从而提高游客的消费意愿。比如，广大人民群众在当地乘坐公交，大部分都是仅花费一元或者两元，政府相关部门可以把这条公交路线也设置成一元或者两元这样的价位，以此引起广大游客前往观看《新刘海砍樵》的兴趣。

（3）拓展项目规模，开发衍生产品。广大人民群众经过长途跋涉来观看演出，并非只为了看舞台效果与故事情节，演艺公司还要在附近设立一些可以供游客消费的场所，在这些场所销售一些舞台上工作人员的演出服或者是纪念币等。针对宣传不足，演艺公司可以跟电视剧、电影的运营方展开合作，邀请剧组到当地进行拍摄，在电影或电视剧播出的同时也可以为《新刘海砍樵》做宣传。在这方面可以参考杭州宋城景区为《宋城千古情》建立的配套设施，其周边建设有完备的住宿和餐饮设施，已经形成了一条完善的产业链。

参考文献

［1］赵建伟，王琦. 旅游演艺的文化体验性与原真性 [J]. 产业与科技论坛，2021，20（10）：16-17.

［2］毕剑，卫琪. 旅游演艺：文化生产与文化被生产 [J]. 周口师范学院学报，2021，38（01）：135-139.

［3］胡燕琴. 文旅融合背景下的表演艺术人才培养思考 [J]. 戏剧之家，2021（04）：57-58.

［4］叶志良. 中国旅游演艺作品真实性的艺术表达 [J]. 广西社会科学，2020（11）：153-157.

［5］叶志良. 中国旅游演艺的国家形象建构与传播 [J]. 文化艺术研究，2020，13（03）：10-16.

［6］黄丹，王廷信. 旅游演艺传播环境评价体系构建及应用研究 [J]. 南京师大学报（社会科学版），2020（05）：141-151.

［7］胡艳. 论旅游演艺人员音乐素养的提升 [J]. 北方音乐，2020（13）：239-240.

［8］毕剑. 旅游演艺：认知、脉络及机理 [J]. 四川师范大学学报（社会科学版），2020，47（04）：72-77.

［9］陈林茜. 旅游演艺发展趋势分析 [J]. 艺术评鉴，2020（11）：181-184.

［10］谭静. 旅游演艺视角的民族音乐非遗的研发分析 [J]. 黄河之声，2019（24）：140-141.

［11］毛修炳. 中国旅游演艺的新模式与成功落地的关键要素 [J]. 人文天下，2020（Z1）：12-17.

［12］唐洁. 实景旅游演艺中的数字影像应用研究 [D]. 湖南师范大学，2019.

［13］黄玉玲. 游客凝视下民俗在旅游品牌中的创意研究 [D]. 赣南师范大学，2019.

［14］王慧晨．旅游演艺产品质量与旅游者游后行为意向的关系研究 [D]．海南大学，2019.

［15］倪晓悦．关于旅游演艺产品开发的本真性思考 [D]．厦门大学，2018.

［16］潘天．中国旅游演艺产业化研究 [D]．上海戏剧学院，2018.

［17］郑建瑜．大型演艺活动策划与管理 [M]．重庆：重庆大学出版社，2017.

［18］张晓婷．旅游实景演出《天门狐仙》项目运作探究 [D]．天津音乐学院，2017.

［19］侯晓静．张家界旅游演艺业态发展研究 [D]．吉首大学，2017.

［20］刘洋．文化旅游与城市经济协调发展研究 [D]．西北大学，2016.

［21］左文．旅游演艺的文化元素运用与地方旅游发展研究 [D]．贵州大学，2016.

［22］赫巾齐．城市演艺业与旅游业融合机制研究 [D]．沈阳师范大学，2016.

［23］胡敏姿．湖南省演艺业发展现状与推进策略研究 [D]．湖南大学，2013.

［24］刘好强．旅游演艺产品质量的构成维度及其影响研究 [D]．武汉大学，2013.

［25］谭冰．山水实景类旅游演艺产品的游客满意度实证研究 [D]．湖南师范大学，2012.

［26］龚美慧．演艺游客消费决策影响因素研究 [D]．湖南师范大学，2012.

［27］黄炜．旅游演艺业态创新驱动因素的扎根研究 [D]．南开大学，2012.

［28］汤蓓华．国内旅游演艺的发展环境分析 [D]．上海师范大学，2011.

［29］张瑞霞．旅游演艺产品策划及评估方法研究 [D]．辽宁师范大学，2011.

［30］李幼常．国内旅游演艺研究 [D]．四川师范大学，2007.